MW01172107

A caro amigo com votos de paz

/ /

ALÍRIO DE CERQUEIRA FILHO

SAÚDE DAS RELAÇÕES FAMILIARES

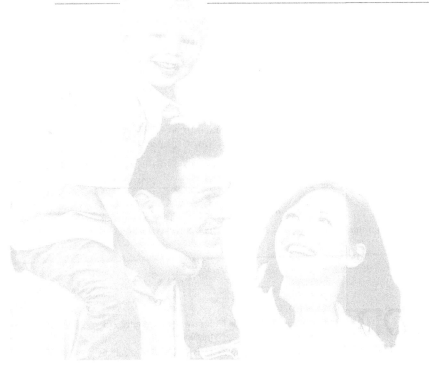

SAÚDE DAS RELAÇÕES FAMILIARES

Editor: Miguel de Jesus Sardano
Supervisor editorial: Tiago Minoru Kamei
Capa: Andrei Polessi
Revisão: Rosemarie Giudilli Cordioli
Diagramação: Décio Lopes
3ª impressão | junho de 2011 | 2.000 exemplares
Impressão e Acabamento: Assahi Gráfica e Editora Ltda.
Impresso no Brasil | Printed in Brazil

Dados Internacionais de Catalogação na Publicação (CIP)
(Câmara Brasileira do Livro, SP, Brasil)

Cerqueira Filho, Alírio de

Saúde das relações familiares / Alírio de Cerqueira Filho.

1. edição | Santo André, SP
Editora Bezerra de Menezes, 2007.

ISBN: 978-85-87011-22-0

Bibliografia

1. Amor 2. Auto-ajuda - Técnicas 3. Espiritismo - Filosofia
4. Família 5. Psicologia transpessoal I. Título.

07-5853 CDD-133.901

Índices para catálogo sistemático

1. Relações familiares : Ponto de vista do Espiritismo: Doutrina espírita 133.901

EBM EDITORA
Rua Silveiras, 17 - Vila Guiomar - Santo André - SP
CEP 09071-100 | Tel. 11 3186-9766
ebm@ebmeditora.com.br | www.ebmeditora.com.br

ALÍRIO DE CERQUEIRA FILHO

SAÚDE DAS RELAÇÕES FAMILIARES

ebm editora

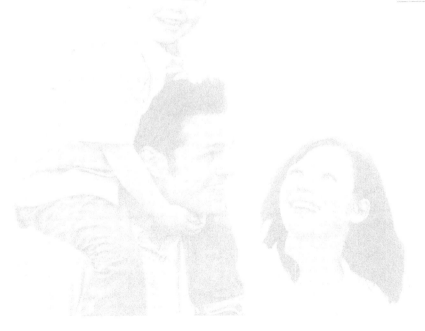

Sumário

Capítulo 1 15
A função primordial da família

Capítulo 2 33
Viver em família: Aprendizado de amor

Capítulo 3 55
A visão sistêmica-transpessoal da família

Capítulo 4 81
A verdade em família: A libertação de mitos pela prática do amor

Capítulo 5 147
Jogos psicológicos familiares

Capítulo 6 199
A colocação de limites no relacionamento familiar: Prática de amor

Capítulo 7 227
Relacionamento familiar: Convite à semeadura de amor

Referência Bibliográfica 255

Apresentação

Há pessoas que, do fato de os animais ao cabo de certo tempo abandonarem suas crias, deduzem não serem os laços de família, entre os homens, mais do que resultado dos costumes sociais e não efeito de uma lei da Natureza. Que devemos pensar a esse respeito?

R: Diverso do dos animais é o destino do homem. Por que, então, quererem identificá-lo com estes? Há no homem alguma coisa mais, além das necessidades físicas: há a necessidade de progredir. Os laços sociais são necessários ao progresso e os de família mais apertados tornam os primeiros. Eis porque os segundos constituem uma lei da Natureza. Quis Deus que, por essa forma, os homens aprendessem a amar-se como irmãos.

Qual seria, para a sociedade, o resultado do relaxamento dos laços de família?

R: Uma recrudescência do egoísmo. [1]

Estas duas questões de O *Livro dos Espíritos* nos oferecem uma dimensão da importância da família na sociedade humana. A finalidade principal da família é que aprendamos a nos amar como irmãos, nos libertando do egoísmo, sentimento ainda extremamente arraigado em nossos corações.

A importância da instituição familiar tem sido questionada nos últimos tempos por psicólogos, sociólogos, antropólogos e outros estudiosos das ciências humanas, muitos deles chegando a conclusões simplistas de que a instituição familiar está falida em suas bases.

Fala-se do surgimento de uma família "moderna", fruto do processo vivido em nossos dias do casamento descartável, em que os cônjuges já se casam pensando na separação – que acreditam ser inevitável – para se unirem logo mais com outras pessoas que também se separaram, formando famílias em que os filhos daí vindos são levados a conviver com outros "irmãos", frutos das uniões do "namorado" da mãe, da "namorada" do pai, dos meio-irmãos, resultante dessas

---

1. Allan KARDEC, O *Livro dos Espíritos*, questões 774 e 775.

novas uniões, que também são descartáveis, para que todo o ciclo logo recomece.

É claro que as famílias assim constituídas vão ter graves problemas na sua estruturação, especialmente para os filhos provenientes dessas relações, tornando os laços de família muito tênues e não consolidados, como nos recomendam os benfeitores espirituais.

Por essas e outras razões percebemos que, neste momento conturbado em que vivemos, em vários setores da sociedade, a família como instituição está em perigo, colocando em risco a estrutura social, como nos diz a Veneranda Mentora Joanna de Ângelis: *Quando a família periclita, por esta ou aquela razão, sem dúvida a sociedade está a um passo do malogro...* [2]

Por isso todas as ações possíveis para tornar a família mais saudável devem ser empreendidas por todos aqueles que puderem contribuir, direta ou indiretamente, para o fortalecimento dos laços de família.

Pensando em dar a nossa contribuição, mesmo que modesta, estamos iniciando uma série de obras de uma coleção que intitulamos ***Amar é Viver em Família,*** cujo objetivo é proporcionar aos nossos leitores reflexões acerca do significado da família em nossas vidas.

Para tanto, como já tem ocorrido com outras obras por nós publicadas, estaremos unindo nossos conhecimentos

2. Joanna de ÂNGELIS, *Estudos Espíritas*, cap. 24.

profissionais como psicoterapeuta transpessoal, com os auferidos nesse manancial riquíssimo que é a literatura espírita, especialmente em *O Livro dos Espíritos* de Allan Kardec, para quem dedicamos esta obra, prestando nossa singela homenagem aos 150 anos de sua publicação.

Este livro, ***Saúde das Relações Familiares***, é o primeiro da Coleção. Tem como objetivo focalizar as disfunções familiares e como desenvolver uma família saudável.

Veremos, ao longo de suas páginas, várias situações patológicas vividas em família por pessoas reais, embora seus nomes sejam fictícios, e as situações ligeiramente modificadas a fim de preservar a identidade das famílias analisadas.

Veremos, ainda, como transformar famílias disfuncionais em famílias saudáveis. Analisaremos várias situações ideais, com base nos princípios da Doutrina Espírita e na psicologia transpessoal. Essas *situações ideais* não significam que tenhamos de ser perfeitos, porque isso não é possível no estado evolutivo que estamos.

É importante frisar isso, pois, quando são colocadas as situações ideais, muitos se sentem culpados porque não estão realizando essas ações em família. A nossa intenção é sempre explicitar como deve ser uma família saudável, para que possamos realizar esforços para torná-la cada vez melhor.

Realmente, não é possível ter uma família perfeita em um Planeta de provas e expiações, porém é possível nos aperfeiçoarmos sempre. Porque, caso isso não ocorra, poderemos ir para o outro extremo e ficarmos acomodados, dizendo: *Ah! Mas isso é o ideal*, como se transformar nossa realidade fosse impossível para nós. É possível, sim, aperfeiçoar as nossas relações familiares. Esse é o objetivo principal de estarmos reencarnados juntos na mesma família.

É claro que tudo isso exige esforço, dedicação e uma boa utilização do tempo de convivência, que muitas vezes acreditamos não conseguir desenvolver. Queremos os benefícios de ter uma família saudável, mas sem os investimentos para torná-la saudável.

Convidamos você, caro leitor, para as reflexões que este livro propõe, destinadas a todos aqueles que desejam uma família saudável e estão dispostos a realizar todos os esforços necessários para a consecução dos seus objetivos.

O Autor

Cuiabá, abril de 2007.

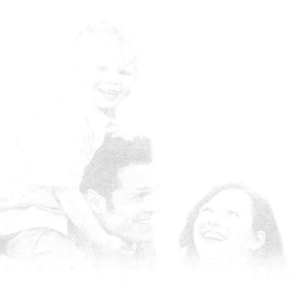

CAPÍTULO I

A função primordial da família

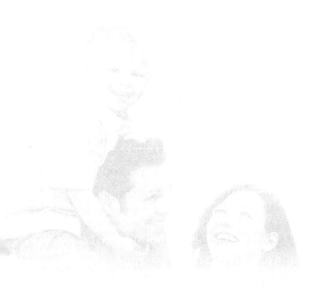

As respostas às questões 774 e 775 de *O Livro dos Espíritos* transcritas na apresentação desta obra nos remetem à função mais profunda da família, que é o aprendizado de amor.

Estudaremos, neste Capítulo, as respostas dessas questões para compreendermos o sentido que os Benfeitores da Humanidade quiseram repassar a todos nós.

Como nos reporta a questão 774, a função primordial da família é a **colaboração** com Deus para aprendermos a nos *amar como irmãos*. Deus labora no Universo inteiro incessantemente. Ele labora criando as Leis da Natureza e nós somos convidados a *co-laborar* cumprindo as Leis. O *co-laborador* é aquele que faz a sua parte no processo. Deus quer que nos amemos como irmãos? Deus quer que as nossas famílias sejam equilibradas? Claro, Ele nos criou para isso. Existem as Leis da Natureza. Seremos sempre convidados a *co*laborar cumprindo essas Leis.

Existem várias leis criadas por Deus. A lei maior é a **Lei do Amor** que engloba todas as demais. Somos todos convidados a praticá-la, colaborando com Deus na harmonia do Universo.

A família é o lugar por excelência, onde seremos convidados a colaborar praticando essa lei de forma mais intensa e desafiadora, conforme veremos ao longo deste livro.

Somos convidados a aprender a exercitar o amor na convivência conjugal, maternal, paternal, filial, fraternal, etc. Essa convivência somente será saudável se a levarmos com suavidade e leveza.

Toda família surge da união de dois seres que, através da união conjugal, irão assumir – com raras exceções – a função de pai e mãe, o convite de Deus para serem *colaboradores*, *co-criadores*, recebendo um ou mais irmãos em humanidade, filhos de Deus que serão, momentaneamente, filhos desse casal.

Todos somos irmãos em humanidade e esporadicamente recebemos de Deus um compromisso, uma missão de *cocriar*, de colaborar na formação de um ou mais irmãos em humanidade, pela maternidade e paternidade.

A partir dessa união conjugal – que deve ser sempre **colaborativa** – cada cônjuge colabora com o outro para a harmonia da relação conjugal, para que possam receber os irmãos em humanidade como filhos e colaborarem com Deus na formação desses espíritos que irão reencarnar através deles.

Percebamos que toda família começa com a função **colaborativa** que deverá existir em todas as relações familiares. Ela começa na conjugal, que dá origem à paternal, maternal, filial, fraternal, etc. Todas essas relações deverão ser colaborativas, todos sendo convidados a colaborar com Deus na harmonia do Universo, aprendendo a nos amar como irmãos.

A função **colaborativa** nos convida a colaborar com o outro no seu processo de evolução. Cada um *labora* o seu próprio processo e *colabora* com o outro.

Para que a relação conjugal seja equilibrada e possa produzir uma mãe e um pai equilibrados, é necessário que os cônjuges colaborem um com o outro para que haja um mínimo de harmonia nessa relação.

Muitas vezes trazemos como cônjuges desafetos do passado para podermos exercitar o amor. Outras vezes já desenvolvemos alguma afetividade, mas ainda existem arestas a serem polidas. Em um Planeta de expiações e provas, como o nosso, é muito raro o casamento de espíritos afins, que nutrem profunda afeição um pelo outro.

A relação conjugal será a mais difícil de exercitar o amor porque é a única, no seio da família, que começa voluntariamente e se mantém voluntária. É a única relação que podemos manter ou não. Podemos nos tornar ex-cônjuges, legal e moralmente, pois a indissolubilidade do casamento não é uma lei divina, e é legal em quase todos os países.

Porém, não existe *ex*-pai, *ex*-mãe, *ex*-filho, *ex*-irmão, a não ser pelo abandono da relação de forma ilegal, pois não existe nenhuma lei humana que sanciona isso. Essa atitude é imoral, pois a pessoa se demite da função de *colaboradora de Deus na convivência com o irmão em humanidade para aprender a amá-lo*.

Portanto, na relação conjugal é mais difícil de colaborar, mas perfeitamente possível quando nos esforçamos para isso. Atualmente, há uma cultura do casamento descartável. O divórcio tem sido usado como solução fácil, uma alternativa infeliz à colaboração com Deus pelo desenvolvimento da renúncia, paciência, tolerância e respeito, colocando em risco muitas famílias.

Se no passado tínhamos relações conjugais de *faz-de-conta*, em que as pessoas permaneciam na relação forçosamente por tradição, hoje temos a cultura do casamento descartável, em que o casal se casa esperando uma separação. Não se casa para se investir na relação para que haja uma colaboração real.

Continua-se a buscar o amor romântico, profundo, do príncipe e da princesa encantados dos contos de fada, e como isso só existe nos livros infantis, ao entrar na realidade da relação conjugal, poucos estão dispostos a colaborar, exercitando o amor com o cônjuge.

A relação conjugal, por isso, deve ser sempre colaborativa – um colaborando com o outro para o aperfeiçoamento individual e da relação – porque, usando o *príncipe* e a *princesa encantados* como uma metáfora de perfeição, não é uma realidade possível em um Planeta de provas e expiações como o nosso. O esposo idealiza a *princesa*, a esposa perfeita.

A esposa idealiza o *príncipe*, o esposo perfeito. Cada um espera do outro o esposo ou a esposa ideais. É claro que a realidade é bem outra e se não amadurecermos para superar esse mito infantil, teremos grandes dificuldades em colaborar com o cônjuge na formação da família.

Em realidade, somos espíritos ainda imperfeitos, convidados a conviver uns com os outros para que cada um, a seu turno, se aperfeiçoe e colabore com o outro no seu aperfeiçoamento.

Essa é a realidade da relação conjugal que continuará com os filhos que, sendo também espíritos imperfeitos, receberão a colaboração dos pais para se aperfeiçoarem e que, por sua vez, colaborarão com o aprimoramento dos próprios pais.

Quando o casal tem o hábito de colaborar entre si para a harmonia da relação conjugal, fará a mesma coisa como mãe e pai de seus filhos. Irão juntos colaborar na formação do irmão em humanidade, momentaneamente na posição de filho.

Portanto, a base da família é o casal, em que cada indivíduo colabora com o outro, para poderem, juntos, colaborar com Deus, no aperfeiçoamento mútuo e na formação dos irmãos em humanidade, filhos de Deus que receberão como filhos.

Dentro dessa missão que recebem, o pai e a mãe são as representações de Deus para os filhos, principalmente na primeira infância, em que os pais têm poder onipotente sobre os filhos. Da segunda infância em diante, os filhos começam a exercer o seu próprio poder. A partir da adolescência mesmo que na orfandade já conseguem subsistir sozinhos, mesmo que precisem de tutores, já conseguiriam se manter sozinhos.

Porém, na primeira infância os pais têm onipotência sobre o filho, própria da missão confiada por Deus, para que eles *co-criem*, colaborem. Por exemplo: se uma mãe abandona seu filho recém-nascido sem nenhum cuidado por algum tempo, ele irá a óbito, desencarna, porque não tem como se cuidar, por isso os pais representam Deus para a criança. Dentro dessa representação isso não é apenas um símbolo, é o poder de vida e morte que os pais têm sobre a criança.

Portanto, somos irmãos em humanidade que, em cada existência, recebe dois colaboradores de Deus que atenderão a esse convite, ou não. Porque ter filhos biologicamente é uma coisa; ser colaborador de Deus é outra. Biologicamente é muito fácil ter filhos. Basta fazer sexo que, havendo um óvulo fértil e um espermatozoide vai haver a fecundação, que resultará em um filho, como qualquer animal que faz sexo.

A diferença é que o animal tem todo um instinto, que é a inteligência instintiva dada pelo próprio Criador. Já no ser humano o instinto é bem menor, o instinto de sobrevivência na infância é, praticamente, nulo. Não há como a criança subsistir sozinha. Assim, o pai e a mãe são convidados a colaborar, não apenas no cuidado biológico, mas também no cuidado psicológico, emocional, em todos os cuidados necessários para a formação daquele filho.

Como vimos na resposta dos benfeitores a Kardec, o ser humano, diferente dos animais, têm outra finalidade. Como já passamos pela fase animal – estamos hoje na fase hominal – somos convidados a construir os pensamentos, os sentimentos, a afetividade nas nossas relações sociais, que são diferentes das dos animais.

Mesmo as aves e os mamíferos – animais que cuidam de suas próprias crias – cuidam até certo ponto, depois se tornam completamente desconhecidos. Depois de certo tempo um animal não reconhece o seu filho, a sua mãe, o seu pai e cruzam-se entre si. Os animais invertebrados, os peixes, répteis e batráquios, com raríssimas exceções, cuidam-se por si só desde quando nascem. As aves e os mamíferos estão em uma transição evolutiva. As aves e mamíferos recém-nascidos dependem totalmente dos pais para viver, mas logo se tornam independentes.

Existem animais que formam bandos e começam a ensaiar uma vida em sociedade. No ser humano essa vida social toma vulto muito maior, porque somos convidados pela Divindade a desenvolver valores intelectivo-morais com o objetivo de, nessa vida em sociedade, adquirirmos sabedoria, que é a união do saber e do sentir, formando uma sociedade igualitária, mais ética.

Biologicamente também somos animais. O ser humano tem a infância mais longa de todos os animais. Comparando com todos os outros seres vivos, nossa infância é a mais longa. E não é por acaso. A criança é meiga por natureza, tem toda uma característica que faz com que nutramos afetividade por ela. Ela necessita de afetividade para se desenvolver psicologicamente, e não apenas fisicamente e, a partir do momento que o pai e a mãe percebem isso, vão se aprofundando nessa relação, colaborando com Deus.

Tudo tem uma razão de ser para o processo evolutivo, desde os animais que vão evoluindo, se tornando cada vez mais aperfeiçoados do ponto de vista social. O ser humano é convidado a ir além para essa colaboração maior. Nós estamos na fase intermediária para a última fase da evolução do espírito que é a angelical, o espírito purificado.

A vida familiar é o instrumento por excelência para que essa evolução aconteça. Tudo começa na família. A frase tão preconizada *a família é a célula da sociedade*, não é uma mera retórica, um chavão. Ela é a base da sociedade, porque é na convivência familiar – com o pai e a mãe cuidando dos filhos de uma forma mais direta, sendo colaboradores de Deus – que começamos a ensaiar, desde a época das cavernas, o ideal de humanidade, de afetividade, de companheirismo, até o presente momento, em que o ser humano mais civilizado é convidado a aprofundar esses valores, na grande mudança que se avizinha do Planeta, em mundo regenerador.

A evolução é paulatina. Quando mais evoluído for o ser humano, mais fortes serão os laços de família, fortalecendo a sociedade melhor do futuro.

Fazendo o contrário – abolindo os laços de família – o egoísmo atingiria o auge. Podemos viver sozinhos, poderemos formar famílias "modernas" que se reúnem ocasionalmente, tornando a situação social muito difícil para todos. Portanto, é fundamental que nos dediquemos com todas as forças possíveis à consolidação da função **colaborativa** da família, aprendendo a nos amar como irmãos.

Dessa necessidade do ser humano viver em sociedade é que surge um dos maiores desafios: a *relação familiar*. Amarmo-nos como irmãos não é uma tarefa fácil, principalmente em família, que é um laboratório divino, onde surgem muitas dificuldades de convivência.

A Doutrina Espírita aclara porque surgem certas dificuldades familiares que, às vezes, são empecilhos momentâneos desse aprendizado ao amor, mas, com toda certeza, serão sempre convites ao amor.

É na relação familiar que encontramos situações de pessoas que se amam profundamente. Encontramos em determinadas famílias pessoas que têm um carinho imenso umas para com as outras. Por outro lado podemos encontrar, também, ao mesmo tempo, pessoas que apenas se aturam, e até mesmo que se detestam, chegando, às vezes, a se odiarem.

A realidade é que, em muitas famílias, uma mãe pode amar um filho intensamente, um outro apenas tolerar, e por outro ter, até mesmo, ímpetos de ódio, como o caso de Marly.

Marly é uma senhora que, ao buscar ajuda terapêutica, se autodenominava um monstro.

Marly tem um filho de 3 meses por quem sentia aversão imensa, chegando a odiá-lo, sem saber o motivo. A aversão era tão grande que tinha vontade de jogar o menino pela janela. Ela mora no 12° andar de um prédio. Na hora de amamentar, tinha vontade de esganá-lo. Por isso começou a se sentir um monstro. Como ela podia sentir todo aquele ódio pelo próprio filho? Marly tem também outro filho de 3 anos, que ama intensamente. Ela entrava em crise consciencial quando comparava: *Como posso amar este aqui que é meu filho, saiu de mim, e este aqui, que é um bebê ainda, odiar a ponto de sentir até aversão na hora de amamentar; querer enforcá-lo na hora de amamentar?*

Como Marly não tinha nenhuma noção de reencarnação e da lei de causa e efeito, foi orientada pelo terapeuta que aquilo que estava acontecendo com ela era perfeitamente natural, dentro das leis da vida. Ela não era um monstro, mas estava sendo convidada por Deus a perdoar um inimigo do passado, que havia renascido como seu filho.

Após as explicações teóricas iniciais, Marly passou por todo um processo terapêutico para desenvolver o autoamor, autoperdão e perdão ao ex-inimigo do passado, hoje seu filho.

Depois desse trabalho prévio, foi submetida à terapia regressiva, única capaz – em nossa opinião – de resolver definitivamente dramas familiares como esse, de uma forma bastante eficaz. Sempre se deve realizar essa modalidade terapêutica após esse trabalho inicial, que é fundamental, pois se a pessoa não estiver disposta a desenvolver o perdão, o processo regressivo é desaconselhável.

Por meio da técnica regressiva foi desvendado o motivo pelo qual ela odiava tanto aquele filho. Em uma existência anterior, na Espanha, aquele que hoje é seu filho de 3 meses, tinha sido um sedutor que se envolvera com ela, à custa de promessas. Seduziu-a, teve os relacionamentos que quis ter e, simplesmente, depois de usá-la a descartou, deixando-a grávida.

Hoje isso já seria muito difícil para uma mulher, agora imaginemos isso no século XIX. Após o abandono, a família não a apoiou e ela terminou sendo acolhida em um prostíbulo – com segundas intenções – pois era muito bonita. Após o nascimento do seu filho foi obrigada, pelas conjunturas, a se prostituir.

Ela ficou naquele prostíbulo onde contraiu sífilis, e desencarnou muito jovem ainda, por causa da doença, odiando intensamente o homem que havia lhe causado tudo aquilo. Esse ódio permaneceu na vida espiritual, tornando-a, depois de sua morte, obsessora daquele homem, até que ele também morreu. Continuaram se odiando mutuamente, até que as Leis da Vida a trouxeram à reencarnação com a promessa de, pela maternidade, se reconciliar com o antigo desafeto.

Como não existe lei de ódio no Universo, mas a do Amor, a família é o ambiente onde Deus coloca, muitas vezes, espíritos inimigos para aprenderem a se amar e, neste caso, o sedutor de ontem, tornou-se o filho de hoje.

A família é o grande laboratório em que vamos, muitas vezes, encontrar pessoas que ferimos profundamente, ou que nos feriram. Normalmente, pela lei de causa e efeito, acontecem as duas coisas. Em algum momento ferimos e em outro somos feridos.

Encontramos nas famílias esses tipos de situações: pessoas se aturando, pessoas de detestando e pessoas se amando profundamente, como Marly que tinha um amor muito grande por um filho e ódio pelo outro. Como isso é explicado? Somente a lei de causa e efeito e a reencarnação explicam fenômenos como esses. Os animais, que agem por extinto, não têm aversão às suas crias. Eles dão a vida para mantê-las vivas. Apenas o ser humano, que pensa, sente e tem consciência de si pode chegar a tal nível de ódio, a ponto de abandonar seus próprios filhos dentro de latas de lixo, de enterrá-los vivos, e outras crueldades.

Exatamente porque pensa e sente é que o ser humano chega a esse tipo de dificuldade, que não acontece com os animais. Os animais têm amor instintivo para proteger a cria, que é o protótipo do amor que será desenvolvido no futuro, quando alcançarem o reino hominal. O ser humano ama por escolha, pelo uso do livre-arbítrio. Normalmente, as inimizades que trazemos do nosso passado nos convidarão, em algum momento, a resolver essa inimizade no seio familiar.

Retornando ao caso de Marly, o menino de 3 meses foi o amante que a traiu no passado, hoje de volta como filho. Para quê? Para que ela alimentasse o ódio? Não! Para que ela aprenda a amá-lo, como irmão em humanidade e para que ele também aprenda a amá-la e respeitá-la como irmã em humanidade. Também aprender que um ser humano não deve ser usado como um objeto, mas que se deve ter respeito às pessoas. Hoje, retornando como mãe e filho, ambos são convidados a esse amor e respeito, transcendendo o sentimento passional que tiveram no passado.

É claro que, mesmo com a terapia regressiva e a ressignificação essencial que se segue a ela, não é fácil desenvolver esse amor. Nenhum processo terapêutico é mágico no sentido de transformar, instantaneamente, sentimentos de ódio, muito menos se a pessoa tiver apenas conhecimento teórico da reencarnação.

Refletindo sobre a história de Marly, será que ela poderia amar, já na atual existência, esse filho da mesma forma que ela ama o filho de três anos? Não. O de três anos já é um amigo do passado que retornou ao seu convívio. O de três meses é um inimigo do passado, que ela é convidada a aprender a amar. Não é possível transformar todo aquele ódio em amor profundo, em apenas uma existência.

Na verdade Marly é convidada a passar esta existência inteira fazendo exercícios de amor e pode ser que ela chegue ao final desta experiência reencarnatória apenas não odiando o seu filho, ou apenas iniciando um processo ainda débil de amor.

Ao final da existência ela poderá dizer: *Eu já não odeio mais o meu filho, mas ainda não o amo profundamente, já sinto até certo carinho por ele. Desejo sinceramente que ele esteja bem.*

Quando trazemos uma experiência de convívio assim, com um inimigo do passado, não é possível – com raras exceções – desenvolver um amor profundo, porém já é perfeitamente possível não odiar mais.

Ao renascer em uma próxima existência como mãe e filho novamente, já não mais iniciando como inimizade, mas como um espírito que alcançou uma condição de neutralidade ou um amor superficial, ela poderá amá-lo mais profundamente.

Pode, nessa existência, amá-lo tanto quanto o outro filho, o amigo do passado. Contudo, é necessário que haja convivência com respeito, pois a convivência do passado foi desrespeitosa. Uma convivência baseada na traição, no desamor será resolvida com o tempo bem aproveitado em várias reencarnações.

Portanto, o conhecimento das verdades espirituais é fundamental para desenvolver o amor, apesar de ser um primeiro passo. Se a pessoa não tem conhecimento dessas verdades se sentirá um monstro, do mesmo modo que Marly. Algumas mães entram em conflitos enormes, quando sentem aversão pelos seus filhos. Por isso, algumas delas os abandonam em hospitais, jogam em latas de lixo, ou mesmo os enterram vivos. Outras os matam em uma situação de aversão como essa aqui exemplificada, porque não conseguem suportar.

Muitas vezes o ódio acontece entre pai e filho, outras vezes entre irmãos, às vezes é o filho que odeia a mãe, ou odeia o pai. Tudo isso gera esses contrastes da vida familiar. Irmãos que odeiam um ao outro a ponto de quererem se matar e, às vezes, chegando às vias de fato. Pais que odeiam os filhos a ponto de maltratá-los, de espancá-los. Filhos que odeiam os pais e até os matam. Um ódio imenso que tem razão de ser. Aquele ódio não surgiu ali. Não é por causa da família que existe o ódio, como até alguns psicólogos e psiquiatras afirmam de maneira simplória. A família é o ambiente onde Deus reúne as pessoas para que se libertem do ódio. Não é para manter. É para libertação. Muitos, no entanto, ampliam o ódio, tornando a convivência familiar um fardo insuportável.

Aqueles que já conhecem as Leis Divinas incorrem em erro, pois muitas vezes querem – em razão do conhecimento da lei da reencarnação, da lei de causa e efeito – senti-las profundamente, a ponto de decretar a obrigação de amar todos os familiares igualmente, inclusive aqueles que sentem ser um desafeto do passado. Sentimento de amor não é algo que sintamos por decreto.

Quando entramos em movimento de nos obrigar a amar, desenvolvemos, em verdade, o pseudoamor.

Sabemos que estamos em família para aprender a amar, conforme nos ensina *O Livro dos Espíritos*. Aprender a amar é exercitar um pouco hoje, um pouco amanhã, depois de amanhã e, cada vez mais, fortalecendo esse amor. Ninguém aprende de uma hora para outra, simplesmente conhecendo a teoria. *A partir de hoje aprendi tal coisa! Pronto! Vou viver isso plenamente.* Aprendemos inicialmente a teoria que nos recomenda o amor, e depois somos convidados a realizar exercícios para sentir e vivenciar esse amor.

Na família isso acontece o tempo inteiro. Seria uma ilusão se achássemos que iríamos transformar sentimentos de ódio – por vezes seculares, até milenares – de uma hora para outra, somente porque renascemos na mesma família.

A família é o grande laboratório da vida para desenvolvermos o amor que não soubemos, ou não quisemos desenvolver no passado. Por exemplo: o sedutor que costuma usar as pessoas pode fazê-lo hoje, mas amanhã virá a encontrar essa mesma pessoa como um parente próximo, quer em forma de filho, de filha, de pai, de mãe, ou irmão.

Encontrará essa pessoa novamente, agora em família, para conviver intimamente com ela. Tudo que não fizemos e não aplicamos, somos convidados a desenvolver no seio familiar.

Seria excelente se aprendêssemos as lições no ambiente familiar, se exercitássemos o amor, mas na prática não é isso que acontece. Comumente, muitas famílias se tornam extremamente doentias, exatamente porque não escolhem o amor, e sim o desamor – ou o pseudoamor – para conviver, trazendo grandes dificuldades para a convivência familiar.

Fundamental, portanto, é praticar a função colaborativa em família, aprendendo a nos amar como irmãos, conforme veremos no próximo Capítulo.

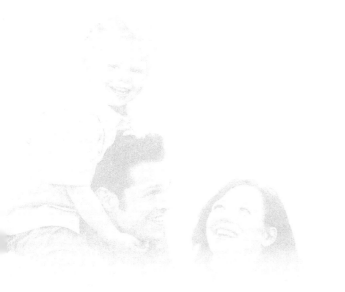

CAPÍTULO 2

Viver em família: Aprendizado de amor

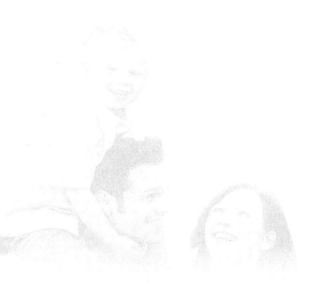

A vida é um convite constante ao aprendizado de amor. É nas relações familiares que esse aprendizado se torna mais intenso, em razão de nossas imperfeições e ao processo de convivência mais amiúde, uns com os outros.

O aprendizado no seio familiar é um grande desafio. Muitos de nós, em razão disso, levamos a convivência em família como um grande fardo, que apenas suportamos com grande martírio. Outros abandonam completamente o convívio familiar e outros, sabiamente, o utilizam para a renovação interior.

O convite da vida é sempre utilizar o convívio familiar para a renovação interior através do amor. Entretanto, a grande maioria ainda vê a família como um fardo e abandona esse convívio, abdicando dessa renovação interior pelo amor.

Quem faz esse convite a todos nós? Jesus. É Ele quem o faz, quando diz em Mateus, capítulo 11: 28 a 30: *Vinde a mim todos os que estais cansados e oprimidos, e eu vos aliviarei, tomai sobre vós o meu jugo e aprendei comigo que sou manso e humilde de coração, e encontrareis descanso para a vossa alma, porque meu jugo é suave e o meu fardo é leve.*

Com certeza uma vida em família desequilibrada, em que se cultiva o desamor ou a mentira do pseudoamor traz muito cansaço e opressão, e Jesus nos convida a ir até Ele, tomar sobre nós o Seu jugo.

Quando qualquer coisa na nossa vida é motivo de opressão, de cansaço, de perturbação, alguma coisa está errada e normalmente esse erro não está fora de nós e, sim, dentro de nós. É a forma como nos conduzimos frente àquela situação.

Na família o processo é assim. Se estivermos em uma relação familiar perturbada, desequilibrada, que levamos como um fardo imenso a carregar, como se fosse um carma negativo, insolúvel, alguma coisa está profundamente errada. A dificuldade não é da família, mas da forma como nos conduzimos em família.

No movimento espírita, por causa da visão equivocada do significado da lei de causa e efeito muita gente diz assim: *Eu tenho uma família miserável, mas é meu carma. Quem mandou fazer coisa errada. Ah! Eu tenho um casamento que é a coisa mais horrorosa do mundo, mas quem mandou desencaminhar aquela mulher no passado? Agora eu tenho que aguentá-la.*

E aí ficamos nesse movimento de ter obrigação, de ter de aguentar, mesmo que aquilo seja um martírio para nossa vida. Será que é assim que aprenderemos a exercitar o amor em família? Será que é com esse peso todo, com toda essa carga? Na verdade não é.

Para que a família possa realmente fazer diferença positiva, que ela realmente faça sentido em nossa vida, a convivência familiar necessita ser saudável. Isso somente acontecerá, se levarmos a convivência com suavidade e leveza. Aliás, em todas as questões da vida é fundamental que o jugo seja suave e o fardo seja leve, como Jesus nos recomenda.

Para que haja suavidade e leveza é preciso transformar crenças arraigadas de que temos obrigação de amar, temos obrigação de aturar: *Eu tenho que aturar esse marido, porque se eu não aturá-lo, ele volta como meu marido na próxima. Então eu vou ter que aturar, porque quero me livrar dele o mais rápido possível.* E a pessoa acha que está exercitando o amor dessa maneira. Não quer nunca mais vê-lo pela frente. Ela quer se livrar, aturando.

Não há suavidade, não há leveza!

Essa é uma realidade para muitas pessoas. Transformam a vida familiar em uma coisa pesada, que têm de aguentar como se fosse uma coisa, um traste que na hora que terminou, pronto! Joga lá no canto e nunca mais quer saber. Está havendo amor em uma relação assim? De forma alguma.

Não é por obrigação que exercitamos o amor, que aprendemos a amar. É por conscientização. A consciência é a Lei de Deus ínsita em nós, como nos reporta a questão 621 de *O Livro dos Espíritos*.

A conscientização é que vai fazer com que haja suavidade e leveza na convivência. E significa que vamos ser todos perfeitos, convivendo uns com os outros? Isso seria possível? Não, porque em um Planeta de expiações e provas, não vamos ter pessoas perfeitas, na maioria das famílias.

Como é conviver com aquela pessoa imperfeita, "cricri", que está o tempo todo nos testando? Será que é simplesmente aguentando a pessoa para nos livrar dela de uma vez por todas? É claro que não. É trabalhar a nossa intimidade para conviver com o outro cada vez mais amorosamente, suavizando a relação.

Porque senão vai ser aquilo que se chama no movimento espírita de almas algemadas. Colocamos algemas, um no pulso do outro, e convivemos na marra, atados, um ao outro. E muitos transformam a vida familiar – que não deveria ser assim – à força de algemas. E aí, algemam-se não só o casal, mas os filhos aos pais e ficam todos amarrados uns aos outros. E todo mundo vai vivendo, andando para lá e para cá, algemados uns aos outros. A vida se torna insuportável. Imagine não ter liberdade. Estar ali o tempo todo algemado. Aí, um belisca o outro e o outro quer correr, mas não pode, porque está algemado e ficam assim vivendo nesse jugo perverso, com um fardo pesado.

Essa metáfora nos remete à realidade de muitas famílias: um vivendo preso ao outro. Não há leveza, não há suavidade, como Jesus recomenda e, aí, a família vai ser um fardo pesadíssimo que queremos nos livrar o mais rápido possível, muitas vezes pelo abandono, outras vezes nos martirizando a vida inteira, para sermos livres na próxima encarnação.

Muitos homens abandonam suas famílias, e muitas mulheres também o fazem, indo embora, ou mesmo ficando no ambiente familiar, mas praticamente indiferentes em relação à família. Estão no mesmo ambiente, mas emocionalmente estão longe. Estão ali convivendo, mas o filho vive praticamente abandonado. Só tem os cuidados materiais para se manter, contudo, afetivamente, está abandonado. Esses casos são mais comuns do que os abandonos efetivos, principalmente nas chamadas classes favorecidas.

Os abandonos afetivos são grande maioria, que vão fazer com que a pessoa, não assumindo a postura que Jesus recomenda, peça demissão do encargo assumido – o da paternidade ou da maternidade – e, simplesmente, abandone afetivamente os filhos ali, naquela situação.

Isso acontece porque a pessoa transformou a convivência familiar em fardo tão pesado, que ela quer se livrar de qualquer maneira. Ela não quer nem esperar a próxima encarnação, como se fosse possível nos livrar de algo que nós mesmos plantamos.

É fundamental, para a convivência familiar saudável, que utilizemos o aprendizado de amor para tornar o nosso convívio familiar melhor, mais enriquecido, com padrões diferentes daqueles que aprendemos anteriormente.

Como podemos realizar isso? Atendendo ao convite de Jesus para ir até Ele. Até o amor que Ele representa e iniciar o aprendizado do Seu jugo, que é suave.

Ele diz que há um jugo, um dever, mas que esse jugo é suave. Há um fardo a ser carregado, mas que é leve. A vida em família é assim, com muitos deveres, um jugo a ser aceito, um fardo a ser carregado, mas com suavidade e leveza.

Como poderemos, em família, tomar esse jugo e tornar o fardo cada vez mais leve? Jesus no dá a dica nos convidando: *Aprendei comigo que sou manso e humilde de coração.*

Jesus é o maior Mestre das nossas vidas. Na questão 625 de *O Livro dos Espíritos*, Kardec pergunta aos benfeitores: *Qual o tipo mais perfeito que Deus tem oferecido ao homem, para lhe servir de guia e modelo?* E a resposta é a mais sintética de *O Livro dos Espíritos*: "Jesus".

Jesus é o modelo maior de maestria. Ele é o Mestre por excelência. Ele nos convida a aprender com Ele. A vida é uma constante aprendizagem. A vida em família é uma parte significativa desse aprendizado.

Somos convidados a aprender sob o jugo de Jesus, o jugo do amor. Para que haja esse aprendizado há uma condição: ***mansidão e humildade de coração.*** A condição para que nos tornemos aprendizes do Mestre é exercitar a mansidão e a humildade, mas não com o *cérebro*, como estamos acostumados, mas com o **coração.**

A mansidão e a humildade de coração são para serem sentidas dentro de nós. No estágio evolutivo em que estamos, só é possível alcançá-las com exercícios que fazemos um pouco hoje, um pouco amanhã, um pouco depois de amanhã. Não é possível, hoje, aqui e agora, ter a mansidão e a humildade de Jesus, mas é perfeitamente possível exercitá-las gradualmente, para que um dia as tenhamos.

Por que necessitamos fazer exercícios para sentir o amor, a mansidão e a humildade? Porque, diferentemente do pensamento que é construído a partir do conhecimento, do aprendizado intelectual, puramente racional, o sentimento necessita ser experimentado diversas vezes para que seja vivenciado.

É por isso que muitas pessoas que pensam ser amorosas, mansas e humildes não o são de coração, mas de cérebro. São as pessoas que desenvolvem o pseudoamor, aquelas que se martirizam. Na vida familiar vemos muitas pessoas assim, gerando graves disfunções nas famílias, baseadas em crenças equivocadas sobre como deve ser a família, conforme veremos nos próximos capítulos.

Todas as vezes que nos impusermos uma obrigação em relação à família, ao invés da consciência do dever, estaremos sendo mansos e humildes de *cérebro*, gerando uma família doentia e não aquela que realmente nós queremos, a saudável.

Como é uma família saudável? É aquela em que se exercita o amor, a mansidão e a humildade de coração. Fazendo isso vamos encontrar descanso para a nossa alma, vamos encontrar harmonia para a nossa família.

Não é isso que queremos? Uma família saudável em que as pessoas sintam que a convivência vale a pena? Não será uma família perfeita, porque isso não é possível no estágio evolutivo em que estamos, mas vai ser uma família em aperfeiçoamento, em que temos uma convivência que nos permite trabalhar nossas dificuldades internas e as dificuldades do relacionamento, para tornar essa relação cada vez mais saudável, cada vez melhor, e isso só é possível pelo caminho do coração.

Como seguir o caminho do coração?

Novamente é Jesus que nos dá a resposta em Mateus, 22: 35 a 40:

> E um deles, doutor da lei, interrogou-o para o experimentar, dizendo: Mestre, qual é o grande mandamento da lei? E Jesus disse-lhe: Amarás o Senhor teu Deus, de todo o teu coração, e de toda a tua alma, e de todo o teu pensamento. Este é o primeiro e grande mandamento. E o segundo, semelhante a este, é: Amarás o teu próximo como a ti mesmo. Desses dois mandamentos dependem toda a lei e os profetas.

Jesus, já sabendo que o objetivo do doutor da lei era fazer com que Ele caísse em contradição, disse: *Amarás o Senhor teu Deus, de todo o teu coração, e de toda a tua alma, e de todo o teu pensamento*.

Jesus não se traiu, simplesmente colocou aquilo que Ele gostaria de ouvir. Só que Jesus não ficou nisso. Ele falou: *E o segundo, semelhante a este, é: Amarás o teu próximo como a ti mesmo*. Porque Jesus sabia que o primeiro mandamento era uma grande mentira para os doutores da lei. Eles falavam que amavam a Deus, mas era um amor de cérebro, demonstrando isso por meio de sua conduta.

Não é possível amar a Deus, sem amar o próximo como a si mesmo. Na verdade, o amor real começa em si mesmo. A partir daí é que conseguimos amar o próximo e, posteriormente, amar Deus. Esse é o único caminho para amar verdadeiramente. A referência sempre será o *si mesmo*.

Essa frase é muito repetida, mas ainda não entendemos, plenamente, esse preceito cristão. Quando Jesus fala **mandamento**, em que pensamos? Normalmente associamos o termo mandamento às palavras *mandar*, *ordem*, *decreto* que ***temos que*** realizar por obrigação, fazer na marra, senão seremos punidos.

Associamos, equivocadamente, a palavra *mandamento* a uma ordem, a uma obrigação, a um decreto, a algo que nós *temos* de fazer. Mas, basta-nos refletir um pouco e perceber que não deve ser isso. Por que, como pode algo tão bom quanto o amor, algo que é fundamental para nossa evolução, ser uma ordem, algo a ser realizado por decreto?

A palavra mandamento tem outra conotação. Jesus é o grande terapeuta de almas, conforme nos diz Joana de Angelis. É o maior terapeuta da face da Terra, o maior médico de almas. Ele conhece profundamente a alma humana. Será que Ele não sabia que ninguém gosta de ser obrigado a realizar algo?

A palavra que foi traduzida como mandamento no original hebraico significa **exercício** e não ordem, decreto. Então como *exercício*, faz todo sentido: *Amar a Deus sobre todas as coisas, e o próximo como a ti mesmo*, esse é o maior exercício. Algo que somos convidados a realizar, quando estivermos conscientes de que esse é o único caminho para a felicidade. É o único caminho para que possamos evoluir.

O amor por obrigação não seria possível. O amor é uma virtude que não é possível de for adquirido à força. Alguma coisa vai ser criada no lugar do amor e não o amor verdadeiro. Se entendermos que somos obrigados a amar, vamos reprimir o desamor para criar o amor. Porém, se reprimirmos o desamor nós criamos, na verdade, o pseudoamor que parece amor, mas não o é. O amor verdadeiro é realizado a partir da transformação do desamor, e não de sua repressão.

É mais fácil e mais cômodo criar o pseudoamor. O amor só pode ser desenvolvido por conscientização. A consciência vai nos convidar a realizar exercícios de amor - fazer exercícios de amor quantos forem necessários, até que amemos profundamente, como Jesus.

A partir do momento em que vamos exercitando – um pouco hoje, um pouco amanhã – vamos ampliando esse amor. Como vamos, por exemplo, amar um ex-inimigo que renasceu em nossa família? Exercitando, nos esforçando, porque a vontade que temos é de esganar o inimigo. Só que ele foi inimigo no passado, agora é nosso filho, filha, irmão, pai, mãe, alguém da nossa família.

A consciência nos alerta que destruí-lo é um grande equívoco. Querer destruir essa pessoa só vai piorar a situação. Muitos sucumbem. Continuam inimigos, destroem não só a relação, mas, às vezes, até o corpo da pessoa, matando-a, como temos visto em nossos dias de uma forma alarmante. Porém, não é esse o convite da vida que trazemos em nossa consciência. O convite é para aprender a amar.

Portanto, o amor deve ser realizado de livre e espontânea vontade, um exercício de autoconsciência. Enquanto entendermos o amor como uma obrigação que temos a realizar, a convivência em família não será algo leve e suave, mas uma algema que nos forçamos a usar.

Se nos obrigarmos, vamos viver às turras ou fingir que amamos, alternando entre uma situação e outra. Ao contrário, quando refletimos no real significado da palavra *mandamento*, Jesus, por meio do *mandamento*, nos convida ao amor por conscientização, que vai ser realizado através de exercícios. Várias vezes Ele nos convida a isso no Evangelho.

O tempo todo Jesus nos convida a exercitar o amor, por livre e espontânea vontade. Esse é o jugo suave, o fardo leve. Se seguirmos por esse caminho, ótimo para nós, a convivência familiar se tornará cada vez mais suave e mais leve. O contrário disso é a opressão e o cansaço. A escolha é nossa. Ninguém é obrigado a amar. Só que não amar gera opressão e cansaço. Se estivermos conscientes, faremos os exercícios de amor para tornar a nossa vida cada vez mais leve, mais suave.

Podemos nos questionar: a prática do amor em família vai ser uma coisa fácil? Não. É muito difícil, principalmente, quando trazemos no seio da família espíritos inimigos do passado. É muito difícil, mas totalmente possível, porque se não fosse possível exercitarmos esse amor, Deus não nos colocaria nessa situação. Só nos coloca porque é possível.

A prática do amor em família requer renúncia, dedicação, paciência, tolerância, respeito. Exercícios de virtudes que serão fundamentais na nossa vida, não só na convivência familiar, mas em qualquer situação das nossas vidas. Seremos convidados a desenvolver esses sentimentos, principalmente no seio familiar.

Há um ditado popular que diz: *Só se conhece realmente uma pessoa se comermos 1 kg de sal com ela*. É um ditado dos mais verdadeiros que existem. Para comermos 1 kg de sal com uma pessoa, somente convivendo amiúde. Em família, quantos quilos de sal nós comemos juntos durante a vida inteira? Não é só um, mas quilos e quilos de sal.

É nesse convívio, comendo quilos de sal durante anos que vamos desenvolver: renúncia, dedicação, paciência, tolerância e respeito. Essa convivência é que vai fazendo com que retiremos as algemas que nos prendem aos inimigos do passado, reconciliando-nos com eles para, conscientemente livres, convivamos nessa liberdade, tornando o jugo cada vez mais suave e o fardo cada vez mais leve a partir desses sentimentos.

É fundamental que não confundamos esses sentimentos com os pseudos-sentimentos que parecem renúncia, paciência, tolerância, mas não são como o martírio e a conivência.

O martírio parece renúncia: *Eu tenho que aguentar essa família. Eu vou fazer das tripas coração, mas suporto esse casamento até o fim*. Parece que é renúncia, mas é martírio. A renúncia provém do amor. Aqui há um peso, um suplício. No sentimento positivo sempre há suavidade e leveza. A renúncia não pesa, é difícil de ser realizada, mas não é pesada. A pessoa está se libertando pelo amor. Já o martírio é algo extremamente pesado, pois é uma pseudovirtude.

Para cultivarmos sentimentos verdadeiros necessitamos, primeiramente, praticá-los em nós mesmos. A base para o amor em família, portanto, é o cultivo dos sentimentos de autoestima, autoaceitação, autovalorização, autorrespeito e autoconfiança.

O prefixo "auto" significa "si mesmo". Como diz Jesus, o amor começa em si mesmo e, a partir de si mesmo, desdobra-se para o outro e depois se desdobra para Deus.

Se eu me amo, vou fazer exercícios de amor ao outro. Se não me amo, não vou ter nem o que oferecer ao outro.

Se me aceito como sou, vou aceitar o outro como ele é. Como eu sou? Sou uma pessoa com qualidades e defeitos. Qualidades já, ou a serem desenvolvidas, e defeitos a serem transformados. Qualquer pessoa que convive conosco também é assim, uma pessoa com qualidades e defeitos. Para que exercitemos renúncia e tolerância, é fundamental aceitar o outro como ele é.

Ao me valorizar como pessoa e, a partir dessa valorização, estabelecer limites para que a minha individualidade não seja desrespeitada, também valorizarei os outros.

Então, a pessoa que se valoriza coloca limites, respeita a própria individualidade. A autovalorização está intimamente ligada ao autorrespeito. Se me valorizo, vou me respeitar também como pessoa. Ao fazer isso comigo, faço também com os outros.

A autoconfiança é a confiança em meus potenciais, em meus valores, em saber que posso transformar minha vida para melhor, posso ser uma pessoa cada vez mais equilibrada. Confio que isso é possível para mim para poder confiar no outro.

Por exemplo, não existe relacionamento conjugal equilibrado sem autoconfiança e sem confiança no outro. Temos relacionamentos muito doentios porque falta, para muitos cônjuges, confiança tanto em si, quanto no outro.

Se a pessoa cultivar esses sentimentos consigo mesma, estará apta a realizar exercícios de amor aos familiares, aceitando-os, valorizando-os, respeitando-os como são.

Há renúncia a um relacionamento ideal porque, como seria possível, em um Planeta de expiações e provas relacionamentos ideais com pessoas totalmente amáveis, todos se amando como indivíduos já evoluídos? É claro que isso não é próprio de planetas dessa categoria. Muitas vezes temos esse ideal romântico. Não aceitamos a própria família porque gostaríamos de estar em um grupo familiar perfeito, em que todos se amam profundamente, todos sorridentes e felizes, como as famílias de comerciais de televisão. Nessa idealização nos parece que sempre a família dos outros é melhor do que a nossa.

A renúncia – que é o amor em ação – é em relação a esse modelo de família ideal, raríssimo em planetas como o nosso. Porém, isso significa que devemos nos acomodar com uma família mais ou menos? *Ah! Estamos em um planeta de expiações e provas mesmo, então eu vou me contentar com qualquer coisa.* É assim que deve ser? Não. É fundamental exercitar o amor para tornar cada vez mais saudável o nosso relacionamento em família.

É claro que a nossa família não é formada de pessoas perfeitas, mas que são convidadas a praticar o dever consciencial de se aperfeiçoar sempre. Se nos acomodamos a uma família mais ou menos, a uma vida mais ou menos, a um equilíbrio mais ou menos, estaremos adiando a oportunidade de aperfeiçoamento. Porém, se quisermos sempre melhorar, tornar a nossa família cada vez mais harmônica, vamos investir nisso, investir em nossos relacionamentos. É claro que esse investimento vai necessitar de tempo, de dedicação, de uma série de recursos, porque existem muitas pessoas que dizem querer uma família mais saudável, mas não investem nem meia hora por semana no Evangelho no Lar. *Ah! Não temos tempo.*

Uma das situações, das quais as pessoas mais reclamam quando se trata de cuidar dos relacionamentos em família, do aspecto espiritual e emocional da convivência, é que não têm tempo.

Muita gente reclama que é muito difícil se obter relacionamentos saudáveis com o cônjuge e os filhos, dá muito trabalho e que é preciso perder muito tempo refletindo, meditando acerca das próprias emoções, da forma como se convive com os outros, fazendo encontros de harmonização, etc. Essas pessoas dizem que não compensa tanta trabalheira, que é melhor levar a vida de uma forma mais "light", sem muita "encucação".

Façamos uma reflexão acerca dessa forma de pensar. Vamos perceber que na vida tudo é trabalho e que não há como fugir dele, sem ter graves consequências.

Imagine o seu prato favorito. Agora, imagine-se saboreando esse prato no jantar, logo mais à noite, com sua família. Hum! Que delícia! Deu até fome, não é verdade?

Para que o tenha preparado às 19h, horário do seu jantar, você deve primeiro ir às compras no supermercado, ou à feira, para obter todos os ingredientes necessários, depois ir à cozinha para prepará-lo. Imagine todo o trabalho que você tem até ver aquele prato delicioso na sua frente, prontinho para ser saboreado com os seus familiares.

Você dirá: *Sim, é verdade. Mas posso mandar a minha secretária doméstica fazer as compras e prepará-lo para mim, ou então vou a um bom restaurante e peço o meu prato favorito. Não terei trabalho algum.* Sim, mas de qualquer forma, alguém terá o trabalho de prepará-lo. Você, apenas, o remunerará por isso. No caso do preparo de suas refeições isso é possível, mas existem atividades que se tornam impossíveis de se pagar para alguém realizar por você.

Só a título de exemplo, vejamos que existem diversas atividades trabalhosas e intransferíveis que fazemos, diariamente, para manter a higiene do corpo e que nos tomam tempo. Faça uma soma de quanto tempo você gasta todos os dias tomando banho, escovando os dentes, passando fio dental, penteando os cabelos, fazendo ginástica, etc.

São atividades diárias – algumas prazerosas, outras nem tanto – as quais não há possibilidade de você remunerar alguém para realizá-las em seu lugar. No entanto, ninguém questiona a necessidade delas, e as realizamos porque não queremos ter as consequências da sua não-realização. Pense em alguém deixando de escovar os dentes 4 a 5 vezes por dia, porque é chato e dá trabalho. Imagine o "bafo" que vai ser. Depois de alguns dias, nem a própria pessoa aguentará o próprio hálito e vai dar graças a Deus por alguém ter inventado um objeto chamado "escova de dentes".

Se formos computar, passamos muito tempo em atividades muitas vezes enfadonhas e trabalhosas, que são imprescindíveis para vivermos com um mínimo de saúde.

Agora voltemos ao seu prato favorito. Mesmo que tenha remunerado alguém para prepará-lo, você ainda terá o trabalho de mastigar cada bocado para poder ingeri-lo e efetuar, posteriormente, a sua digestão. Mas, você decerto argumentará: *Comer o meu prato favorito não é trabalho algum, cada bocado é degustado com imenso prazer e alegria.* Mesmo assim os seus músculos faciais trabalham bastante e, posteriormente, as células do seu sistema digestivo trabalharão muito para digerir cada parte do alimento.

Porém, por que você diz que mastigar a sua comida favorita não é trabalho algum? Exatamente pelo prazer que proporciona. Realmente, não consideramos trabalho aquilo que nos oferece prazer, mesmo que o seja.

Agora façamos uma reflexão em torno do seu relacionamento familiar. Ter paz, harmonia, serenidade, alegria de viver, relacionamentos saudáveis, equilíbrio emocional na sua convivência familiar, etc. é algo que lhe traria prazer e felicidade? A resposta com certeza será sim.

Só que aqui há um grande problema para a maioria das pessoas. Elas querem obter tudo isso sem nenhum trabalho, elas querem obter verdadeiras joias raras, sem querer pagar o preço que elas valem. Não é possível! Da mesma forma que, para se ter um hálito agradável deve-se ter o trabalho de escovar os dentes 4 a 5 vezes ao dia, passar fio dental, ir ao dentista regularmente, dentre outros cuidados, a saúde emocional somente é possível com muito esforço e trabalho de nossa parte, mesmo que inicialmente achemos esse trabalho enfadonho.

Se fôssemos somar todo o tempo que gastamos com o nosso corpo físico, incluindo o período de sono, daria de oito a dez horas por dia, e não queremos gastar meia hora com a nossa saúde espiritual. Não temos tempo!

Só que nas vinte e quatro horas achamos tempo para a televisão, a Internet, as diversões de modo geral. Encontramos tempo para uma série de coisas. Porém, para nos cuidar, para cuidar do relacionamento conjugal, do relacionamento entre pais e filhos, dos relacionamentos em família que irão gerar o nosso aperfeiçoamento emocional, individual e coletivo naquele grupo, não temos tempo. Se não temos tempo, só nos resta reclamar que vivemos uma vida mais ou menos, em uma família mais ou menos, mas não fazemos nada para mudar essa situação.

Ao contrário, se nós quisermos tornar a nossa família cada vez mais saudável é necessário utilizar bem o tempo em meditações, reflexões, orações, encontros de harmonização com os filhos, com o cônjuge, Evangelho no Lar, etc. Se fizermos tudo isso, certamente nós alcançaremos o objetivo maior que é a conquista da felicidade. Essa conquista nos dará tanto prazer que, como no caso de saborear o nosso prato favorito, consideraremos praticamente nenhum o trabalho para obtê-lo.

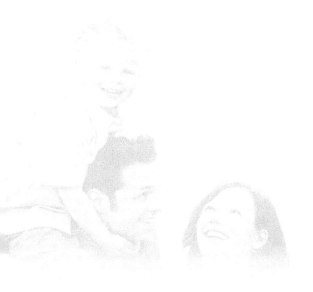

CAPÍTULO 3

A visão sistêmica-transpessoal da Família

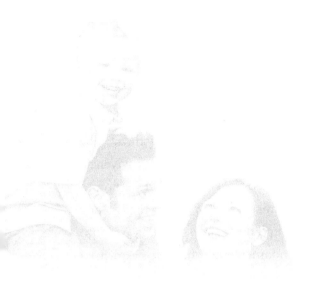

Neste capítulo abordaremos a família dentro de uma visão psicológica profunda – a visão sistêmica – enriquecida com a abordagem transpessoal.

Para que entendamos melhor a família é preciso que a vejamos como um sistema. A teoria dos sistemas nos diz que:

> *O todo é considerado maior do que a soma de suas partes; cada parte só pode ser entendida no contexto do todo; uma mudança em qualquer uma das partes afeta as outras partes, e o todo se regula através de uma série de correntes de* ***feedback****. As partes estão constantemente mudando, a fim de manter o sistema balanceado* [3].

---

3. P. PAPP, *O processo de Mudança*.

A teoria dos sistemas tem sido amplamente utilizada para se compreender o funcionamento das famílias, especialmente no processo terapêutico. É uma teoria muito valiosa, que explica uma série de fenômenos que ocorrem na convivência familiar. Utilizaremos essa teoria, enriquecendo-a com a abordagem psicológica transpessoal, pois os fenômenos espirituais não são contemplados por essa teoria e, como um estudo sem o aprofundamento da dinâmica espiritual é incompleto, ampliaremos com os conceitos transpessoais e espíritas.

A abordagem sistêmica nos diz que tudo que acontece com um membro da família repercute nos demais membros e vice-versa. Fazemos parte de um grande sistema. O que acontece com o esposo, repercute na esposa, nos filhos. O mesmo se dá com a esposa. O que acontece com os filhos, repercute nos pais, etc.

A família é o todo, e cada membro, uma parte desse todo. O todo sempre será maior que a soma das partes, porque cada parte não está isolada, está sempre em interação com as outras partes. Quando uma parte desse todo – um membro da família – tem algum problema, repercute na família como um todo. O contrário também é verdadeiro. Quando um membro muda para melhor, todo o conjunto é impulsionado a fazer o mesmo.

Ampliando-se a abordagem sistêmica com a transpessoal, percebemos que essa interação não acontece apenas nas questões materiais, sociais, afetivas e emocionais, mas, sobretudo, nos assuntos de ordem espiritual.

Quando dizemos *de ordem espiritual* estamos nos referindo aos espíritos encarnados, que compõem a família e que têm necessidades biopsicossociais e espirituais, e a interação que acontece, o tempo todo, com os desencarnados que comungam das relações dessa família.

Dentro dessa abordagem, tudo que fazemos repercute no outro. Por exemplo: as brigas que os pais têm, mesmo que na intimidade do seu quarto, repercutem nos filhos, especialmente quando estão na primeira infância. Relações extraconjugais de um, ou de ambos os cônjuges, mesmo que digam que é apenas sexo casual, uma simples aventura, vão repercutir nos filhos e no outro cônjuge.

Isso acontece porque vivemos em um mundo de energias, e mesmo que as coisas aconteçam às escondidas, as energias deletérias que uma briga, ou relações clandestinas fora do lar produzem geram interferências em todos os membros da família, como no caso de Renato, Lúcia e Fabiana.

Renato e Lúcia são casados há 3 anos. Fabiana é uma bonita menina de 2 anos, filha do casal. Fabiana traz um processo alérgico respiratório desde um ano de idade, que se agravou nos últimos 6 meses, com problemas na pele, amigdalites e otites repetidas, com resposta muito baixa ao tratamento com antibióticos. Estava tomando antibióticos todo mês, mas as infecções retornavam sempre.

A mãe buscou tratamento homeopático para a filha. Houve uma boa resposta inicial, mas depois se tornou insuficiente. Fabiana melhorou das infecções repetidas, mas o processo alérgico permaneceu.

O médico homeopata de Fabiana, ao pesquisar o motivo pelo qual não estava obtendo uma resposta satisfatória ao tratamento, como esperado – pois, as doenças alérgicas respondem muito bem à homeopatia – constatou que Renato e Lúcia estavam tendo dificuldades na relação conjugal, com brigas constantes.

Lúcia, que optou por ser dona-de-casa para cuidar da filha, passava o dia muito triste em razão das atitudes do marido, que se encontrava muito agressivo nos últimos tempos. Lúcia também desconfiava que o esposo estivesse tendo um caso extraconjugal, fato que a deixava transtornada.

A sós com o esposo buscava entendimento, o que o deixava muito irritado, quase possesso. Ele ameaçava se separar dela, porque já não estava aguentando aquela vida. Lúcia estranhava muito a atitude do marido nesses momentos, pois não era um movimento normal dele. *Ele parece outra pessoa nesse momento.*

Apesar de tudo isso buscava, na presença da filha, aparentar alegria, como se tudo estivesse ocorrendo normalmente.

Percebamos que Fabiana recebe todo o impacto das energias que os seus pais mantêm na relação conjugal, independentemente de saber dos problemas objetivamente. A criança capta as energias deletérias e responde a elas adoecendo.

Fatos como esses são muito comuns. Sabemos que existem interferências espirituais de espíritos obsessores que desejam a destruição do núcleo familiar, para que as suas partes fiquem mais fragilizadas e possam continuar a sua ação deletéria, gerando mais infelicidade para todos os envolvidos.

Ao mesmo tempo, os encarnados invigilantes dão todas as condições para que a interferência ocorra, pois não são os espíritos obsessores que criam os problemas, mas aproveitam as matrizes infelizes que trazemos em nós, aguçando-as.

A abordagem sistêmica-transpessoal irá anotar todas as dificuldades, como na história acima. Desde os biológicos – geradores de doenças no corpo físico – os psíquicoemocionais, os sociais e os espirituais.

Para entender melhor como isso acontece, observemos a *figura 1*.

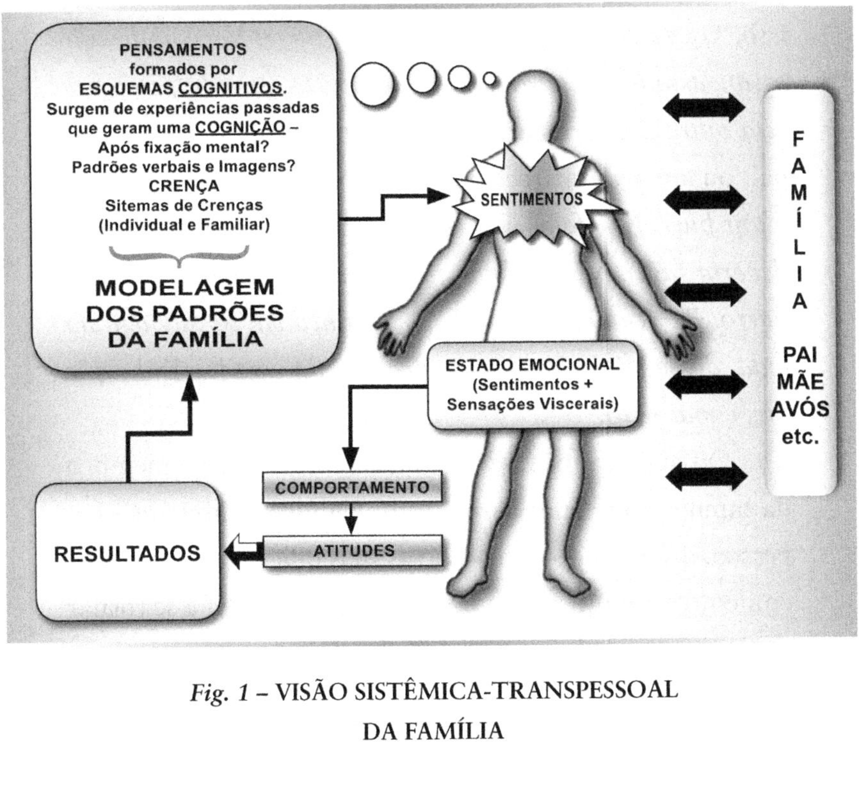

Fig. 1 – VISÃO SISTÊMICA-TRANSPESSOAL DA FAMÍLIA

Nela observamos uma pessoa recebendo e emitindo influências sob a forma de estímulos na família, em que convivemos com nosso pai, mãe, avós, tios, irmãos, primos, etc. Os estímulos estão representados, no esquema, pelas setas de duplo sentido.

Esses estímulos podem ser positivos, ou negativos. Exemplifiquemos cada um. Estímulo positivo. Um pai, ou uma mãe ao perceber o seu filho com uma dificuldade chega e diz: *Filho, estou percebendo que você está com dificuldade nessa questão. Todos nós temos dificuldades em determinados momentos, mas somos capazes de superar isso. Você também consegue. Você é capaz! Você pode agir assim, assado... Sugiro que você siga este caminho, ou tome esta outra decisão.* Agora vejamos o estímulo negativo. O pai, ou a mãe ao perceber o filho em dificuldade diz: *Você é um burro! Já falei mais de dez vezes do jeito que você deveria fazer. Você nunca faz nada certo! Você é muito burro. Parece débil mental. Você nunca vai ser alguém na vida, desse jeito. Tudo que você faz, dá errado. Tudo que faz, é mal feito.*

O pai, ou a mãe, avô, avó, irmãos, ou outro membro da família pode falar assim, estimulando negativamente a pessoa, diminuindo-a, fixando as suas dificuldades. Ou agir como no estímulo positivo, auxiliando a pessoa a se tornar melhor, superando as suas dificuldades.

Podemos verificar, em nossas famílias, esses dois tipos de exemplos. Muitas vezes realizados em momentos diferentes, ou de formas diferentes para um determinado filho, que é estimulado positivamente, e para outro que é estimulado negativamente.

Por que nossos familiares, às vezes, agem dessa maneira? Porque receberam esse tipo de educação dos seus próprios pais. Os pais que são sinceros, que realmente estão exercitando o amor pelo seu filho, ao repreendê-lo negativamente, têm uma intenção positiva, pois querem que o filho melhore. Contudo, a forma pela qual se utilizam para realizar isso está totalmente inadequada.

Esse tipo de tratamento é consequência da forma como foram educados, e tendem a repetir os padrões de educação recebidos na condução de seus próprios filhos.

Esses estímulos estarão produzindo em nossa mente os esquemas cognitivos, que são arquivos mentais registrados em nossa memória, e que são gerados por uma situação específica que acontece em algum momento de nossa vida.

Os esquemas cognitivos são formados a partir de experiências vividas no passado da pessoa, em sua vida como espírito imortal, tais como: nas experiências reencarnatórias passadas; nos períodos ocorridos entre uma encarnação e outra, na existência atual, no momento da concepção; na vida intrauterina; na primeira infância; na segunda infância; na adolescência e na vida adulta.

Estes esquemas produzem pensamentos que passam a conduzir a vida do indivíduo de acordo com o seu teor. Os pensamentos, dependendo da intensidade do esquema, se transformam em crenças, que são pensamentos automáticos que se fixam na mente, pois são reforçados continuamente, através de padrões verbais em diálogo interno, ou pela linguagem articulada, bem como por imagens mentais.

Quando estes esquemas são resultados de uma experiência desequilibrada, produzem sentimentos negativos e comportamentos desajustados. Quando equilibrados geram sentimentos salutares e comportamentos construtivos.

Logo, podemos afirmar que os estímulos positivos irão gerar um aprendizado positivo. Em contrapartida, se o estímulo for negativo gerará um aprendizado negativo.

Quando queremos que a autoestima de nosso filho se amplie quais os meios que devemos usar? Estímulos positivos, pois a cognição positiva proporcionada pelos estímulos gerará sentimentos positivos. Se o chamarmos de burro e outros adjetivos negativos a sua autoestima será desestimulada.

Quando o pai, ou a mãe chama um filho de estúpido, de débil mental, de burro e outros adjetivos negativos – *Você é estúpido, é um débil mental, é burro...* – o que acontece na mente do filho, especialmente na primeira infância? A primeira infância é o período que vai do nascimento até os sete anos de idade, fase em que os pais representam Deus para a criança, pois eles têm uma onipotência natural sobre ela. Nessa fase a criança não tem capacidade de abstrair, de separar o que realmente são suas dificuldades, das dificuldades dos pais. Quando eles a estimulam negativamente – e o pai e a mãe fazem isso, comumente, com muita energia negativa – geram graves comprometimentos na formação psicoemocional.

Como o aprendizado será fixado através de padrões verbais e imagens, a criança aprende que é burra, que é débil mental, que nunca vai ser nada na vida, repetindo isso mentalmente para si mesma, pelo diálogo interno, ou para as outras pessoas, ao mesmo tempo em que se imagina burra, incapaz, etc. É isso que os pais estão fazendo com seus filhos, mesmo se têm boas intenções – que estão mal direcionadas – estimulando a baixa autoestima, a incapacidade, etc.

Com o tempo esses estímulos são transformados em crenças, não necessitando mais do estímulo negativo dos pais. O estímulo virá, com o tempo, após a fixação do aprendizado em forma de crença, do próprio indivíduo. Quando o filho, ou filha, for para a escola e tiver alguma dificuldade, dirá assim: *Eu sou burro. Eu sou débil mental. Eu não consigo aprender. Tenho que estudar mais do que os outros para aprender, porque sou burro.* Já não precisam falar isso para ele, pois ele mesmo se deprecia dessa forma. É claro que os estímulos negativos apregoados pelos pais muitas vezes continuam, mas apenas reforçam aquilo que já está implantado.

O conjunto de esquemas cognitivos dá origem ao sistema de crenças. Estes esquemas cognitivos, geradores das crenças, são produzidos em experiências passadas pela pessoa, durante a sua história de vida. A experiência gera uma cognição, isto é, um aprendizado a partir de um fato positivo ou negativo que, uma vez fixado na mente, torna-se uma crença que passa a condicionar a vida do indivíduo, de acordo com o seu teor.

Existe o sistema de crenças individuais e o específico daquela família. Em família, o conjunto de crenças forma o modelo dos padrões de conduta dessas pessoas. Essas crenças formam a visão de mundo particular daquela família.

O sistema de crenças pode ser, portanto, individual e familiar. As crenças familiares são transmitidas dos pais aos filhos. Exemplo: Racismo. Pessoas de tal raça são de má índole, simplesmente por serem negras, judias ou de outra raça. Transmite-se o preconceito de geração para geração, até que alguém resolva ressignificar essa crença.

O nosso sistema de crenças gera sentimentos. Tudo aquilo que pensamos acerca das pessoas, do mundo, imediatamente cria em nós sentimentos, e estes geram emoção. As emoções, nada mais são do que expressões viscerais daquilo que nós sentimos. Em outras palavras, sentimentos que são expressos pelo corpo.

Quando falamos de ódio, estamos falando de sentimento. Quando falamos de emoção, de ódio, estamos *sentindo* as sensações do ódio, porque uma pessoa não sente ódio como uma abstração. O sentimento do ódio gera, no corpo físico e no corpo fluídico esta sensação. Os órgãos como o coração e o estômago entram em um intenso desequilíbrio, assim como o perispírito. Podemos dizer que todo o nosso Ser sente ódio, produzindo alterações energéticas, fluídicas e físicas.

Da mesma forma, o sentimento de amor irá se manifestar pela emoção e sensação amorosa que acalma, pacifica, asserena, gerando grandes benefícios fluídicos e no corpo físico.

Cada situação que trazemos como crença, vai gerar um determinado sentimento. Uma criança que é estimulada negativamente pelo pai, ou pela mãe – que diz para ela que é burra, uma incapacitada mental, que nunca será nada na vida – irá gerar baixa autoestima, insegurança muito grande, falta de confiança nessa criança, ou seja, sentimentos extremamente negativos que vão perturbar a sua vida.

Os sentimentos e emoções geram comportamentos, a forma como nos conduzimos diante de determinadas situações. Nós nos comportamos através de atitudes e ações que realizamos no mundo objetivo. A pessoa que é desestimulada cria um sistema de crenças do tipo: *Eu sou burra, sou incapaz, eu não consigo fazer nada certo.* O que vai acontecer? Ela passa a ter autoestima muito diminuída, falta de autoconfiança muito grande, torna-se extremamente insegura, levando-a a ter atitudes negativas, passando a ver o mundo como um lugar hostil.

Comportamentos e atitudes produzem resultados. Esses resultados são produzidos por essas situações. A cada resultado negativo, o que acontece? Reforça a crença. Cada vez que algo der errado ela dirá assim: *Está vendo! Comigo é assim! Nada que eu faço dá certo. Tudo que eu faço é ruim, eu não presto mesmo.* Cada resultado negativo reforça as crenças e padrões que ela aprendeu em família, formando um **círculo vicioso**.

Se quisermos transformar determinados preconceitos e crenças que trazemos, para não perpetuar nas famílias que construímos, necessitamos mudar o modelo familiar que herdamos. Para produzir sentimentos, comportamentos e resultados positivos, formando um **círculo virtuoso**, nós necessitaremos transformar as nossas crenças limitadoras. Cada crença trabalhada nos liberta, gerando resultados positivos, que ampliam a nossa capacidade de criar novos modelos.

Com a criação desses novos modelos, tendemos a melhorar cada vez mais. Esses benefícios vão se ampliando, e aí trocamos o círculo vicioso, pelo virtuoso, em que estaremos sempre desenvolvendo novos valores, padrões de maior equilíbrio, ao invés de ficar repetindo modelos desequilibrados que herdamos de nossos pais, que herdaram de nossos avós, etc.

Se não mudarmos o **modelo** dos padrões da família de origem, vamos mantê-lo indefinidamente, até que alguém resolva modificá-lo. O padrão dos nossos avós, que passaram para nossos pais, já é uma repetição do que eles receberam de nossos bisavós, e que agora estamos vivenciando. Portanto, para não passar para a próxima geração é fundamental que comecemos a transformá-los.

Comumente acontece de uma pessoa, em uma determinada família, ao invés de seguir o modelo daquele grupo em certa área, cria o que denominamos **antimodelo**. Ao perceber aquele modelo-padrão desvirtuado, ela vai para o extremo oposto, criando outro modelo, também desequilibrado, conforme analisaremos mais profundamente no próximo capítulo.

A maioria de nós traz um sistema de crenças que se tornou um conjunto de crenças-mito, verdadeiros tabus, em relação à vida familiar. Temos, comumente, padrões rígidos de como a família deve se comportar. Como, por exemplo, uma mãe, ou um pai deve se comportar em relação ao filho. Como os filhos devem se comportar em relação ao pai e à mãe. Como os irmãos têm de se comportar. Trazemos uma série de crenças que adquirimos, baseados nas crenças que herdamos dos nossos antepassados, formando um sistema de crenças nem sempre de acordo com a lei do amor.

Muitas vezes esse sistema de crenças está baseado no desamor, ou no pseudoamor, que é mais comum em nossa sociedade. Como o desamor é muito punido, muito reprimido, na verdade criamos um sistema de crenças baseado na repressão do desamor, e quando reprimimos o desamor desenvolvemos o pseudoamor.

Para que desenvolvamos uma família saudável é fundamental que desconstruamos esse sistema de crenças baseados no pseudoamor e no desamor.

Dentro da visão sistêmica, se uma pessoa mudar o seu padrão de crenças, influenciará todas as demais a mudar. Essa influência poderá gerar, ou não, mudanças no outro, dependendo da receptividade que este tiver em relação à influência.

No próximo capítulo veremos uma série de crenças-mito, verdadeiros tabus, que é fundamental que sejam desconstruidos, para tornar a nossa família mais saudável.

Fig. 2 - AS ESTRUTURAS PSÍQUICAS RELACIONADAS À DINÂMICA FAMILIAR

Antes, porém, vamos estudar a *Figura 2*. Trata-se de um outro esquema do funcionamento de estruturas psíquicas que trazemos em nós, em uma abordagem psicológica transpessoal, e que é essencial para o desenvolvimento da saúde familiar.

Observamos na figura três estruturas presentes em nosso psiquismo. A **criança interna** que, comumente, encontra-se ferida, o **adulto egoico** e o **adulto essencial.** São figuras simbólicas que representam estados psíquicos interiores. Todo ser humano adulto traz essas três estruturas em si mesmo que estarão mais, ou menos, desenvolvidas.

Em uma determinada existência a evolução de cada ser começa na concepção, passa pela vida intrauterina, e após o nascimento dá-se início à infância, que é dividida em primeira infância (de 0 até 7 anos) e segunda Infância (dos 7 até 12, ou 13 anos).

Toda a criança, principalmente até os 7 anos, é totalmente dependente do pai e da mãe ou, na falta destes, de outros adultos que os substituam. Como vimos anteriormente, os pais representam Deus para a criança, tendo onipotência, um poder de vida e morte sobre ela.

A criança é totalmente dependente e essa dependência gera impotência em relação ao meio, uma impotência natural. Um recém-nascido, por exemplo, se não tiver um adulto para cuidar dele, perece depois de algum tempo.

Isso acontece até mais ou menos os 7 anos. Se uma criança na primeira infância for abandonada e não tiver um adulto para cuidar dela, perece, pois não sabe ainda se manter. A partir dos 7 anos a criança começa a ter independência um pouco maior. De um modo geral, já consegue fazer várias coisas sozinha.

Essa dependência natural da criança acontece em razão de sua necessidade de aprender toda uma série de padrões, de novos modelos. É para isso que ela reencarna em família, muita vezes com desafetos do passado, conforme vimos no Capítulo Um.

Por isso o pai e a mãe têm onipotência transitória sobre ela. Essa onipotência é decorrente da missão de cocriar do pai e da mãe, tomando como base a função colaborativa da família, já estudada.

Portanto, mesmo tendo onipotência transitória sobre a criança, eles têm como compromisso colaborar com Deus na formação do irmão em humanidade, momentaneamente como filho. Porém, muitos assumem caráter prepotente, juntamente com a onipotência natural, e geram ferimentos psíquicos em seus filhos, repetindo situações que eles próprios tiveram com seus pais.

Como vimos anteriormente, o padrão mais comum vivido em família ainda é o do desamor e do pseudoamor, próprios de um Planeta de expiações e provas como o nosso. Com quem a criança vai aprender esses modelos? Principalmente com o pai e a mãe, e outros adultos significativos em sua vida.

O que é mais comum em nossas famílias é haver uma educação castradora, moldada no desamor, ou permissiva, moldada no pseudoamor.

A repetição sistemática de estímulos negativos, ou pseudopositivos, com que o pai, a mãe, professores e outros adultos importantes se comunicam com a criança, funciona como uma ordem hipnótica para ela, pois o adulto tem onipotência sobre a sua vida, especialmente os pais.

Imaginemos uma criança, principalmente na primeira infância, fase na qual ela não consegue distinguir as dificuldades dos pais – que não lhe pertencem – das suas próprias dificuldades, ouvindo durante anos a fio, dia após dia, frases como estas: *Você é burra; você é uma desajeitada; como é lerda essa menina; nunca vai conseguir ser alguém na vida*, carregadas de energias agressivas.

Após certo tempo, os esquemas cognitivos se tornam uma **crença**. A criança passa a crer que não tem nenhum valor, que é incapaz, etc., tornando-se profundamente ferida.

Que tipo de modelo esse pai ou essa mãe está sendo para a criança? Modelo de desequilíbrio. Então, a criança vai se tornando ferida. Cada movimento de onipotência e de prepotência do pai, da mãe, e de outros adultos significativos – como os professores – vão gerando feridas na criança.

Isso começa na própria infância. Só que, psiquicamente, a criança não desaparece. A estrutura psíquica da criança permanece, mesmo quando cresce e se torna adulta. Essa estrutura permanece sob a forma de uma criança interna ferida.

No exemplo acima, quando a criança se tornar adulta, qualquer pessoa que tenha certa autoridade representará as figuras de autoridade da sua infância, especialmente seu pai e sua mãe. Mesmo já sendo adulta, a sua **criança interior ferida** estará tentando mostrar para os pais que ela é capaz e, por associação, a todas as outras pessoas. Por isso, quem vive assim, torna-se uma pessoa muito infeliz. Tudo representa uma ameaça. Está sempre tentando provar aos outros que é capaz e, ao mesmo tempo, as suas crenças boicotam a sua capacidade.

A **criança interna** é, portanto, a estrutura psíquica subconsciente que trazemos, fruto das experiências que tivemos na infância, que pode ter sido mais ou menos feliz, ou pode ter sido mais ou menos maltratada. Quando a pessoa foi maltratada na infância, a **criança interna** que esse adulto traz em si está **ferida.**

A cada momento somos convidados pela vida a nos aprofundarmos em nós mesmos, para ter acesso à nossa **criança interna ferida,** para que possamos curá-la, dentro de nossas possibilidades, tornando-a uma **criança interna feliz.** É claro que essa felicidade é relativa, porque a cura total dessa criança vai acontecer ao longo do tempo, bem utilizado, nas várias vidas sucessivas. Porém, todos nós podemos curar, mesmo que parcialmente, a nossa **criança interna**, tornando-a feliz.

É importante que todos os pais e mães curem a sua **criança interna ferida** para melhor tratar os seus filhos, porque senão tenderão a repetir as feridas que receberam dos pais.

Os modelos negativos, baseados no desamor e no pseudoamor, que aprendemos com os nossos pais, avós, etc., vão gerar uma outra estrutura que denominamos de **adulto egoico,** o pai e mãe internos que trazemos.

Então, tudo aquilo que aprendemos de negativo dos nossos pais e outros adultos significativos vão reforçar a nossa personalidade egoica, ampliando os vícios morais que já trazemos de outras existências. A formação desse padrão terá início na infância e se intensificará a partir da adolescência. Na segunda infância a criança já começa a separar os sentimentos de onipotência e prepotência dos pais, das dificuldades que ela traz em si mesma.

Ela já consegue perceber, de uma forma mais consciente, esses sentimentos nos pais e tem condições de abstrair. Ela já sabe que os pais não são onipotentes como percebia na primeira infância e que, quando eles agem com prepotência, essa dificuldade não é causada por ela, como comumente confundia na primeira infância.

A partir da adolescência, o indivíduo começa a desenvolver um movimento de onipotência e de prepotência, que vão ser mais ou menos intensos, dependendo da forma como foi educado na infância. Todo adolescente deseja ser onipotente, principalmente o adolescente rebelde. Ele quer ser autossuficiente. Ele normalmente diz: *Eu não preciso de ninguém para levar a minha vida*, como se realmente não precisasse.

Na verdade ele quer ser autossuficiente, sem nenhum limite e, muitas vezes, por causa dessa onipotência torna-se prepotente. Ele tem movimentos agressivos para não se perceber impotente porque, no fundo, ele ainda traz muita insegurança proveniente da impotência natural da infância. Por isso ele desenvolve a onipotência e a prepotência para compensar a impotência que sente, em maior ou menor intensidade.

A formação dessa estrutura psíquica explica o motivo de rebeldia natural na adolescência. O adolescente necessita disso para se autoafirmar. Ele necessita testar os limites para formar a sua autoconfiança. Isso é normal na adolescência. O adolescente que não busca isso está doente emocionalmente. Um adolescente bonzinho, quietinho, que fala sim para tudo está muito doente. Não é uma característica normal do adolescente.

Por outro lado, o extremamente rebelde também está doente. Aquele que para tudo diz "não". Não há argumento para ele, pois é sempre do contra e de forma agressiva, também está doente emocionalmente.

O adolescente normal é aquele que, diante de um obstáculo, quer romper essa barreira. Isso o leva a desenvolver a autoafirmação e a autoconfiança. Porém, se os limites são para o bem dele e bem colocados, reflete e cede. Mas, vai sempre contrapor os limites que são colocados para ele. Se ele não se contrapõe, está doente emocionalmente. Se ele se contrapõe de uma forma agressiva em todos os limites também está doente.

Portanto, o desenvolvimento da onipotência e da prepotência na adolescência e vida adulta vão gerar a estrutura psíquica que chamamos de **adulto egoico**, resultado da assimilação das características egoicas de nossos pais e outros adultos significativos.

Porém, dificilmente aprendemos apenas padrões negativos, baseados no desamor e no pseudoamor. Vamos aprender, ao longo de nossas experiências reencarnatórias, padrões que estão a favor da lei do amor. São padrões positivos que herdamos dos nossos pais e outras pessoas significativas em nossas vidas.

Os padrões positivos vão se fixar na estrutura que chamamos de **adulto essencial**. O adulto essencial é o nosso lado amoroso, bom e belo, que tem o compromisso, tanto de amar e curar a sua criança interna ferida, quanto amar para suavizar as características do adulto egoico.

Portanto, trazemos dentro de nós toda uma estrutura psíquica amorosa, cujo objetivo principal é dar amor para a nossa **criança interna ferida**, para poder curá-la. Poderíamos denominar o acolhimento do **adulto essencial**, de amor incondicional e autoaceitação. É esse autoamor que vai fazer com que a nossa **criança interna ferida** se torne uma **criança interna feliz**. É fundamental que façamos esse trabalho. É possível fazer exercícios constantes, todas as vezes que percebermos a **criança interna ferida** se manifestando através da impotência, ou dependência que sentimos quando adultos.

Nesses exercícios devemos nos proporcionar diálogos mentais amorosos entre o **adulto essencial** e a **criança interna ferida**, de modo a acolhê-la e fazer com que ela perceba que o desamor é do passado, e que ela tem um adulto amoroso o tempo todo com ela, amparando-a incondicionalmente.

Um cuidado que se deve tomar nesses diálogos mentais para a cura da criança interna ferida é evitar que, ao invés de assumir a postura do **adulto essencial amoroso**, que é vertical, de amor incondicional, tratando a criança com amor, respeito e carinho, assumamos a postura do **adulto egoico**, do pai ou da mãe internos que trazemos, que poderão repreender a criança, tratando-a com desamor, ou com pseudoamor, como uma coitada, superprotegendo-a.

Só seremos adultos equilibrados se a nossa **criança interna** estiver feliz e equilibrada. Muitos dos dramas vividos em família advêm da falta de amor que o pai e a mãe tiveram quando criança, e que acabam por se vingar de uma forma subconsciente nos próprios filhos, por trazerem as suas **crianças internas** profundamente feridas, não se dispondo, depois de adultos, a amá-las para poderem amar os seus filhos.

Portanto, é fundamental realizar exercícios para **curar a criança interna ferida.**

Outra tarefa do **adulto essencial** é transmutar, gradativamente, a onipotência e a prepotência do **adulto egoico,** acolhendo amorosamente o **adulto egoico** para transformá-lo em um adulto mais equilibrado. Portanto, essa estrutura da nossa personalidade que herdamos dos modelos egoicos dos adultos significativos também necessita ser transformada.

No estágio evolutivo em que estamos não temos, ainda, como transformar totalmente a onipotência e a prepotência, pois elas advêm do orgulho e do egoísmo que ainda se encontram extremamente arraigados em nosso psiquismo. Porém, temos como suavizar, porque isso só vai ser transformado totalmente, dentro de uma visão transpessoal, ao longo do tempo bem aplicado em múltiplas reencarnações.

Quando nos tornarmos Espíritos puros, não teremos mais ego. Quando isso acontecer só haverá o **adulto essencial,** pois o **adulto egoico** e a **criança interna** terão se transformado totalmente, e se fundirão no adulto essencial.

A **criança interna** e o **adulto egoico**, na iluminação, se fundem com o **adulto essencial** que é pura essência, a Essência Divina que nós somos. Mas, isso vai acontecer ao longo do tempo, nas várias existências em que vamos transformando, gradualmente, tudo isso.

CAPÍTULO 4

A verdade em família: A libertação de mitos pela prática do amor

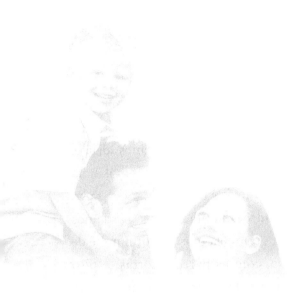

A visão sistêmica-transpessoal da família, que estudamos no capítulo anterior, abordou a questão da formação dos modelos familiares herdados de nossa família de origem, que repassamos para a família que formamos. Vimos que esses modelos, muitas vezes, são construídos a partir do desamor e do pseudoamor.

Quando isso acontece há a necessidade de uma desconstrução desses modelos, dos padrões que herdamos, e a construção de novos modelos. Ao longo do tempo, herdamos o modelo de família dos nossos pais, com todos os padrões equivocados de como a família deve ser. Os nossos pais, por sua vez, herdaram dos nossos avós, bisavós, etc. Quanto mais recuamos no tempo, mais vamos perceber uma série de tabus, de crenças-mito que trazemos no seio da família.

Outras vezes criamos antimodelos, que é uma tentativa equivocada de negar o modelo herdado, desenvolvendo uma característica oposta a ele, conforme exemplificaremos adiante.

Para definir esses modelos familiares usaremos uma metáfora, comparando a família a uma casa. Com raras exceções, o modelo dos padrões familiares que herdamos de nossa família de origem, e aquela que constituímos é de uma casa toda defeituosa, com as paredes tortas, o piso desnivelado, o telhado com goteiras, as coisas todas fora do lugar.

Somos convidados, pela vida, a desconstruir e reconstruir essa casa de uma maneira mais correta. Para isso há somente uma condição imprescindível: necessitaremos fazer isso *morando* na casa, pois não dá para nos mudarmos dela, para depois voltarmos. Não dá para dizer *Vou passar um tempo em outra e depois volto com tudo reconstruído*, porque essa casa é a nossa própria família em funcionamento, e não é possível mudar de família para uma outra mais equilibrada, para depois voltar para a nossa.

É necessário, portanto, tirar cada tijolo daqui e o colocar ali, no lugar certo. Isso será feito com todo o material da casa, que são as crenças formadoras do modelo de nossa família.

O trabalho de ressignificação desses modelos familiares se faz em um processo contínuo de desconstrução gradativa e suave, para irmos reconstruindo aos poucos. Por quê? Como precisamos continuar morando na mesma casa, não dá para desconstruir tudo, de uma vez, senão vamos ficar ao relento.

Por que construímos a nossa família assim, como uma casa desajeitada, ao invés de já construí-la de forma correta? Isso acontece em razão do desamor e do pseudoamor, que é uma tentativa de ocultar o desamor, que ainda cultivamos.

A Lei maior do Universo é a Lei do Amor, que engloba todas as demais Leis Divinas. Essa Lei está gravada na nossa consciência, pois é o Amor Divino presente em nós.

Todos nós, mesmo aqueles que estão praticando o desamor, trazemos essa Lei na consciência e, muitas vezes, tentamos embotá-la.

A consciência é como uma luz que fica brilhando o tempo todo em nós. Muitas vezes jogamos lama nessa luz, a emporcalhamos. Ela fica ali, toda suja, encoberta pela lama. Parece que parou de brilhar, mas não é verdade. Ela continua brilhando, mesmo que esteja totalmente coberta de lama, quando praticamos deliberadamente o desamor.

Ao praticarmos o desamor, ou tentarmos ocultá-lo com o pseudoamor, o que acontece? Simplesmente saímos do padrão de vibração do Universo. Vamos supor, metaforicamente, que a vibração do Universo seja semelhante a um eixo de luz vertical. Todo o Universo nos convida a essa vibração no sentido vertical, que é produzido pela prática do amor.

Quando praticamos o desamor, realizamos um movimento totalmente desconectado, todo desconjuntado, fora do padrão vertical. Quando praticamos o pseudoamor é como se quiséssemos fazer uma linha reta, mas fazemos uma linha toda tremida. Ela é reta na intenção, mas trêmula no direcionamento.

Porém, como a Lei é de Amor somos convidados pela Vida a cumpri-la o tempo todo. A Vida nos convida a nos educar, cumprindo a Lei. A educação é realizada pela prática do amor, mas temos a opção de utilizar o nosso livre-arbítrio na prática do desamor, ou do pseudoamor. Quando optamos pelo desamor, ou pseudoamor, a Vida nos convida a nos reeducar pela dor.

A dor nos convida à reeducação, pois não soubemos ou não quisemos nos educar pelo amor. Quando a dor surge, nos convida a retornar ao amor, pois ela é uma mestra severa, que nos faz desejar ter de volta a ternura do mestre amor. São as situações nas quais trazemos as dificuldades de convivência em família, para aprendermos a valorizar a convivência afetuosa que já dispusemos no passado, e não valorizamos.

Isso acontece por uma determinação Divina, pois quando vibramos de uma forma diferente do Universo, mais cedo ou mais tarde haverá um incômodo dentro de nós. Como a Lei do Amor está em nossa consciência, cedo ou tarde vamos ao encontro dessa energia que existe em nós.

Todo o Universo está nos convidando para vibrar verticalmente e estamos com a vibração toda desconjuntada, ou fingindo que vibramos verticalmente. No momento que percebermos que praticamos tanto o desamor, quanto o pseudoamor a Vida nos convidará a nos reeducar.

O primeiro movimento da Vida é o de convidar a vibrar verticalmente. Temos, nessas condições, a convivência com uma família que dá trabalho, mas nos convida a amar. O jugo é suave, o fardo é leve. Porém, como ainda trazemos latente uma rebeldia muito grande, porque queremos ser diferentes do Universo, devido ao orgulho e egoísmo, o que vai acontecer? Vamos entrar em um movimento de reeducação. Os problemas criados por nós em família, ou fora dela, voltarão até nós, para que possamos resolvê-los. O movimento de reeducação sempre é doloroso. O jugo já não é tão suave, o fardo já é mais pesado, mas se escolhermos o caminho do amor, sempre será possível suavizar esse jugo.

Essa situação é dolorosa, porque, ao nos percebermos em um movimento diferente do Universo, é difícil para o nosso orgulho. O fato de perceber que saímos da vibração original vertical, e que agora vamos precisar fazer o caminho de volta, até chegar nessa verticalidade é, para nós, ainda muito doloroso.

Quando percebemos que estamos com a intenção de fazer uma linha reta, mas que está toda trêmula, toda torta, percebemos que ainda estamos distantes da verticalidade. Isso acontece na vida familiar quando percebemos crenças que acreditávamos serem positivas, mas que não passam de mitos, de atitudes de pseudoamor, como veremos posteriormente.

Nessa fase de percepção o grande problema não é a dor que nos convida à reeducação, porém a intensificação do orgulho no sentimento de culpa por ter saído da verticalidade. É como se disséssemos para nós mesmos: *Onde já se viu eu sair do padrão do universo. Eu não podia ter feito isso. Agora tenho que sofrer!* Nesse momento criamos o sofrimento, nos impomos uma pena.

Essa pena não é um mecanismo divino. É um mecanismo que criamos para tentar nos reabilitar, mas é um esforço vão, pois o sofrimento é um movimento de tentar substituir os atos de desamor, com outros atos de desamor. Vamos, com isso, ampliar o desamor. Em vez de voltar para o eixo correto, tornamos o movimento mais desconjuntado ainda. Não ocorre a reeducação pela dor, mas a intensificação da rebeldia pelo desamor; ou então buscamos a via falsa do pseudoamor.

Vejamos como tudo isso, que colocamos de maneira metafórica, ocorre na vida familiar, de uma forma bem prática. Estudemos a história de Paulo.

Paulo teve uma experiência muito traumática na infância, pois o seu pai tinha uma postura despótica, muito agressiva. Dava-lhe surras homéricas por qualquer motivo e até sem motivo algum. Eram muito frequentes os espancamentos, fato que fez com que Paulo nutrisse ódio muito grande por seu pai, até se tornar adulto.

Hoje adulto, muitas vezes, observa-se tendo o mesmo comportamento com o seu filho, fato que o faz ficar transtornado, porque não é isso que deseja na relação com ele. Percebamos que Paulo traz a sua criança interna muito ferida, que faz com que se vingue subconscientemente em seu filho, dos maus-tratos que recebeu do pai, perpetuando o modelo aprendido.

Paulo busca ajuda terapêutica para melhorar a sua relação com o filho. Paulo diz: *Não consigo perdoar meu pai pelo que me fez quando eu era criança. Tenho muita mágoa, ressentimento dele. Sei que isso não é certo, pois sou espírita, e sei que tenho que perdoar meu pai, mas não consigo. Sempre tive conflitos de consciência ao ler o capítulo 'Honrai o vosso pai e a vossa mãe' no* ***O Evangelho Segundo o Espiritismo****, porque sei que tenho que perdoar meu pai, mas não consigo. Tenho até medo de sofrer as consequências disso, mas esse sentimento é mais forte do que eu. Muitas vezes até acho que perdoei, pois fico martelando na minha cabeça que tenho que perdoar. Passa um tempo, eu esqueço do problema, mas é só me encontrar com meu pai, para que toda mágoa e ressentimento surjam de novo.*

Percebamos que Paulo oscila entre uma crença passiva do tipo *Eu não consigo*, e uma reativa do tipo *Eu tenho que*. Muitas vezes nutrimos crenças passivas, tais como *Eu não consigo; eu não dou conta; eu não sou capaz... de perdoar*, por exemplo.

Paulo acredita que não seja capaz de perdoar o pai, mas a partir do conhecimento da verdade, passa a nutrir crenças reativas formadas pela ansiedade de consciência, resultante do conhecimento dessa verdade lida em O *Evangelho Segundo o Espiritismo*.

Passa a sentir necessidade de perdoar o pai, pois aquela verdade cala fundo em sua consciência. Porém, Paulo comete um erro, pois quer sair do extremo da crença de impossibilidade, e entrar em outro, a crença de necessidade, que expressa uma obrigação: *Eu tenho que perdoar o meu pai; não posso deixar de perdoar o meu pai; tenho que fazer isso porque se não fizer, a minha consciência vai me acusar. Eu vou ter problemas; vou para o umbral; vou ficar obsidiado.*

Caso Paulo siga por esse novo padrão, irá desconstruir as crenças anteriores – que estão equivocadas – para reconstruir de outra forma, também equivocada. Há uma falsa ressignificação. Em ambas as crenças há uma intenção positiva. Na crença de impossibilidade, a intenção positiva é de autoproteção, pois Paulo se sente tão ferido pelo pai, que nem quer mexer nas feridas psíquicas de sua criança interna. Na crença de necessidade, a intenção positiva é de realizar a ação do perdão, em razão da ansiedade de consciência que sente por não perdoar.

Na verdade, tanto em uma, quanto em outra, existe uma direção inadequada. A primeira resulta em falsa autoproteção, pois perdoar não significa liberar o outro dos erros cometidos por ele, mas nos libertar do resultado desses erros em nós. Há, também, uma incapacidade que não é real. Todos nós conseguimos perdoar se desenvolvermos essa capacidade, fazendo exercícios para isso.

Na outra há a intenção positiva de perdoar. A direção é inadequada, pois está centrada na obrigação de ter de perdoar. Há um movimento de autoimposição em perdoar. Como é possível um sentimento como o perdão surgir de uma imposição, de uma obrigação? O que vai acontecer com essa autoimposição? Automaticamente a pessoa se boicota, colocando para si mesma que não consegue, ou cria um falso perdão temporário que, na verdade, esconde o ressentimento, sem transmutá-lo.

Percebamos que ambas são formas falsas de se lidar com a questão. Não se ressignifica, verdadeiramente, um padrão formado por crenças, simplesmente reagindo contra ele, ou negando esse padrão.

A Vida nos convida a ressignificar os padrões de crenças, como vimos na metáfora da casa. Isso significa pegarmos a parede que está fora de lugar, toda defeituosa, o móvel que está em um lugar inadequado e arrumar corretamente. Se simplesmente negarmos algo que a consciência nos convida a realizar – como o perdão – dizendo *Eu não consigo perdoar*, ou nos obrigar a aceitar o convite dizendo *Eu tenho que perdoar*, vamos apenas ficar oscilando entre duas situações equivocadas, como o pêndulo de um relógio, sem ressignificar o padrão, e sem atender ao convite da consciência que, como vimos, é a Lei de Deus dentro de nós.

Para ressignificar o padrão de crença equivocado que trazemos é necessário, primeiro, analisar porque está errado. Não é simplesmente pensar: *Ah! Isso está errado. Vou reconstruir imediatamente de uma outra forma que seja correta.* Quando isso ocorre, pensamos que mudando para o polo oposto, estaremos no caminho certo porque, na verdade, nem refletimos acerca do motivo pelo qual aquilo estava torto. Nessa situação acabamos por construir inadequado, de uma outra forma.

Para reconstruir é preciso, primeiro, desconstruir. Para isso é necessário refletir profundamente no motivo pelo qual o padrão de crenças está inadequado. A desconstrução de modelos consiste em ver cada parte inadequada do modelo que desejamos ressignificar, para construir adequadamente.

Isso só acontece a partir da compreensão dos equívocos praticados com esses modelos.

Analisando o caso de Paulo colocado acima. Se ele realmente deseja se libertar do ressentimento em relação ao pai deve desenvolver a autoconsciência.

Para isso deve proceder assim: com a crença de impossibilidade – *Eu não consigo perdoar o meu pai pelo o que ele me fez.* A primeira atitude é questionar o padrão de crença *Por que eu não consigo?*; *O que me leva a pensar assim?*; *Como é isso para mim?*; *Eu já tentei alguma vez?*; *Eu já busquei fazer exercícios para perdoar?*; *Eu já busquei, realmente, fazer um trabalho de convivência com o meu pai para, aos poucos, ir trabalhando essa questão?*; *Não, não quero nem saber dele; nem olho para a cara dele.* Percebamos que não é bem isso que os fatos mostram: que Paulo não consegue. Ele não está realizando as ações para perdoar. Isso é que é desconstruir aquele padrão, o modelo vigente. É fundamental questioná-lo e ver que, na verdade, não há uma disposição real de realizar as ações para conseguir.

Conhecereis a verdade e a verdade vos libertará, disse Jesus. Se tivermos um movimento de falsear as verdades para nós, vamos ficar presos a padrões equivocados. O *Eu não consigo* de Paulo, é uma verdade, ou é uma verdade falseada? Uma verdade falseada. Algo que ele acredita ser verdadeiro, mas que não é. Ele consegue sim, porém não está disposto a pagar o preço, a realizar as ações para o perdão. Então, se Paulo reconhece essa verdade, o que vai acontecer? Ela vai ficar bem viva, evidente em sua consciência e, mesmo que naquele momento realmente chegue à conclusão de que não está disposto a pagar o preço para perdoar, ela fica ali, fazendo brilhar a sua consciência.

Ao invés de ocultar a verdade de si mesmo, ela fica ali, convidando-o a ter disposição. Fica uma pergunta no ar para ele: *Quando é que eu terei disposição?* Por isso é que quando Jesus falava *Conhecereis a verdade e a verdade vos libertará* estava nos mostrando um caminho de autoconsciência. Se ficarmos com a verdade sempre em mente, mais cedo ou mais tarde, ela vai nos libertar. Ao contrário, se falseamos a verdade, o que vai acontecer? Não há como nos libertar, porque estamos fazendo de conta que a verdade é essa que acreditamos.

Estudemos, agora, o outro padrão que Paulo apresenta, o do *Eu tenho que perdoar o meu pai.* Paulo aprendeu, ao estudar *O Evangelho Segundo o Espiritismo*, no capítulo "Honrai o vosso pai e a vossa mãe", uma verdade que gerou para ele uma ansiedade de consciência, por causa do ressentimento e ódio que sente pelo pai.

Essa ansiedade de consciência gerou um novo padrão: o de obrigação. Paulo acredita que por conhecer essa verdade ele **tem que** perdoar o pai. Se não fizer isso, vai ter problemas graves, como ficar obsidiado, ser punido por Deus, etc. Essa ansiedade de consciência vai gerar, na verdade, uma repressão do ódio e do ressentimento que Paulo sente pelo pai e criar um falso perdão, que damos o nome de perdão de plástico. É um ato de pseudoamor tentando esconder o desamor.

Percebamos que há, também, nessa nova crença de Paulo, uma verdade falseada. Então, se essa é uma verdade falseada, como a verdade vai libertá-lo?

Novamente é necessário o autoquestionamento da verdade falseada. Paulo deve se questionar: *Será que algo tão profundo como o perdão eu posso realizar por obrigação?*; *Por que eu tenho obrigação de perdoar o meu pai?*; *Eu posso não perdoar?*; *Posso, tanto é que eu não perdoei até hoje. Até hoje eu tenho essa dificuldade. Então, por que eu tenho obrigação? Não tenho obrigação nenhuma*; *Ah! Mas é porque está lá no Evangelho que diz que isso é muito importante. Eu sinto que isso seria bom para mim.*

Percebamos que a verdade conhecida por Paulo faz brilhar a sua consciência, pois o perdão realmente é muito importante. O equívoco que ele comete, a partir do conhecimento, é que o perdão não é uma obrigação, que vem de fora para dentro, mas uma conscientização de dentro para fora.

O que é verdadeiramente o perdão? A verdade nos mostra que perdoar é muito bom para nós mesmos. Por meio dele nos libertamos da energia que nos prende negativamente ao outro. Isso é algo que vai ser bom para Paulo, pois libertará a sua criança interna das feridas psíquicas causadas pelo seu pai, em sua infância.

A dificuldade que temos em perdoar é porque achamos que o perdão liberta o outro dos erros cometidos contra nós. Isso não é possível, pois somente a própria pessoa que errou é que pode fazer isso, pois mais cedo, ou mais tarde, a consciência de quem errou vai lhe convidar a se libertar daquele erro, expiando-o.

Portanto, na história de Paulo – ou na de qualquer pessoa com um problema semelhante – perdoar não é libertar o pai dele dos erros cometidos. É ele se libertar das feridas que o pai realizou em sua criança interna. O pai dele o espancou inúmeras vezes na infância e, a partir daquela ação, Paulo se sentiu profundamente ferido. É natural que haja a dificuldade em perdoar, pois como vimos anteriormente, isso tem uma intenção de autoproteção. Porém, por mais que haja essa intenção positiva de proteger, resulta em falsa proteção, pois gera o isolamento de Paulo e mantém as feridas sem cicatrização. Tampouco a auto-obrigação em perdoar, em razão da ansiedade de consciência, vai resolver o problema, pois gerará o perdão falso.

É preciso direcionar adequadamente as intenções positivas das duas crenças com polaridades opostas, questionando os modelos aprendidos, para que Paulo não repasse esse modelo para o seu filho, como está acontecendo.

Quando fazemos o questionamento dos modelos, a verdade vai nos convidar a quê? A ter uma ação consciente. Não é, nem por obrigação, nem tampouco por uma pseudoincapacidade de perdoar que vamos resolver o problema, mas através de uma ação que realizamos somente quando estamos conscientes dela.

A verdade nos mostra que, mesmo que naquele momento ainda não consigamos realizá-la, ela fica brilhando em nossa intimidade, como uma luz chamando atenção para uma verdade que não estamos exercitando para senti-la no nosso coração.

Mesmo que, às vezes, fiquemos no movimento pendular, em um determinado momento, cultivando a ansiedade de consciência com a crença de obrigação, e em outra cultivando a crença de impossibilidade, na inação, ao refletirmos sobre a verdade que fica brilhando em nossa consciência, ela nos convida a fazer o trabalho de desconstrução desses modelos e a reconstrução com o material das intenções positivas, direcionando adequadamente para um novo modelo.

Inicialmente, esse processo acontece em nível racional, porque tudo começa no pensamento, na razão, como vimos no capítulo anterior. Quando Jesus fala *Conhecereis a verdade*, nos dá a dica para refletirmos sobre a verdade que liberta. O processo começará, portanto, pelo autoquestionamento que nos revelará a verdade que existe em nossa consciência.

A partir daí somos convidados ao exercício dessa verdade que refletimos, para senti-la em nossos corações. Portanto, a partir do momento em que nos habituamos a refletir, ainda que não consigamos sentir essa verdade com toda a pujança em nossos corações, ela ficará brilhando em nossas consciências.

Porém, como a consciência é a Lei de Deus pulsando em nós, não é possível ficar muito tempo sem realizar os esforços porque, automaticamente, a partir da luz que a verdade proporciona, sentiremos vontade de vivenciar essa verdade.

Então, como a verdade fica iluminando esse caminho que trilhamos, a partir daí, já não será mais o mesmo. Nós já não seremos mais os mesmos. Já não seremos mais aquela pessoa que estava acomodada à inação, nem a pessoa que estava se obrigando a perdoar por ansiedade de consciência.

Passamos a ter uma diretriz maior. Isso é que é a reconstrução. Voltando à metáfora da casa desajeitada. Toda construção começa com o alicerce, não é verdade? Realizando ações como as que vimos acima, estamos construindo o alicerce do jeito correto e, mesmo que as paredes ainda estejam tortas, pelo menos o alicerce já estará no lugar e do jeito adequado. As transformações verdadeiras acontecem assim, de uma forma suave, leve como nos recomenda Jesus.

O grande problema nosso é que, por já conhecermos a verdade, exigimos de nós que a casa seja demolida de uma vez só e reconstruída instantaneamente, como se fosse um furacão a passar por ela. Queremos uma casa perfeita de imediato. Isso não vai ser possível, mesmo que desejemos muito. É impossível sairmos do desejo para a realização do desejo, sem passar pelo esforço para a realização desse desejo.

Portanto, do desejo para a realização do desejo há todo um esforço para se chegar lá porque, se bastasse o desejo só, existiriam pessoas e famílias felizes e saudáveis em nosso planeta, não é verdade? Para realizar um desejo é necessário um movimento proativo, pois o movimento passivo de não ser capaz, de não conseguir é uma falsa verdade. O movimento reativo do *ter que fazer*, de obrigação, também é uma falsa verdade. O movimento proativo é a verdade nos libertando.

A reconstrução é o exercício da verdade nos libertando. Por isso é demorado. Quando ficarmos esperando passivamente que a casa se transforme por encanto, com tudo certinho, tudo no lugar adequado, vamos esperar em vão. Se desejarmos também ansiosamente que a casa se transforme em um palacete abruptamente, atropelaremos o próprio processo de reconstrução, nos tornando pessoas que se perturbam com o conhecimento de uma verdade, pois reagiremos, ao invés de agirmos.

Porém, se nós dermos o tempo necessário para que haja um processo de reconstrução gradativa e suave, tudo se tornará tranquilo e a vida se fará mais saudável. E tenhamos plena certeza que não é nesta encarnação que vamos morar em um palacete com tudo arrumado no lugar. Podemos melhorar, um pouco, a nossa casa. Para isso já temos todas as condições. Porém, fazer com que a casa se torne um palacete, com tudo no lugar, acontecerá ao longo do tempo, nas várias vidas sucessivas.

Estudaremos, a seguir, situações reais vividas em família, em que acontecem o desenvolvimento das verdades falseadas, os mitos familiares, alguns deles, inclusive, se tornaram verdadeiros tabus inquestionáveis. Utilizaremos a recomendação de Jesus para analisar esses mitos com a verdade libertadora.

Analisaremos esses mitos com base naquilo que colocamos no início deste capítulo, referente à crença de obrigação que não gera autoconsciência, simplesmente por nos obrigarmos a uma ação, fato que é muito diferente daquilo que chamamos **dever consciencial.**

A palavra *dever* na língua portuguesa é sinônimo de *obrigação*, mas tem um significado psicológico diferente, pois enquanto obrigação, como nós a entendemos atualmente, é fruto do pseudoamor, é uma máscara do ego. O dever é fruto da consciência humana, é uma virtude de nossa essência divina, provém do amor de Deus que, conforme está exarada na questão 621 de O *Livro dos Espíritos*, o colocou como uma lei escrita em nossa consciência. Por isso acrescentamos à palavra ***dever*** o adjetivo ***consciencial***, para tornar explícita a diferença com relação à simples obrigação.

Vejamos uma síntese daquilo que denominamos *dever consciencial*. Analisemos um trecho de O *Evangelho Segundo o Espiritismo*:

> *O dever é a* ***obrigação moral*** *da criatura para consigo mesma, primeiro e, em seguida, para com os outros. O dever é a lei da vida. Com ele deparamos nas mais ínfimas particularidades, como nos atos mais elevados. Quero aqui falar apenas do dever moral e não do dever que as profissões impõem. [...]* ***O dever íntimo*** *do homem fica entregue ao seu* ***livre-arbítrio. O aguilhão da consciência, guardião da probidade interior, o adverte e sustenta;*** *mas, muitas vezes, mostra-se impotente diante dos sofismas da paixão. Fielmente observado, o dever do coração eleva o homem; como determiná-lo, porém, com exatidão? Onde começa ele? Onde termina? O dever principia, para cada um de vós,*

exatamente no ponto em que ameaçais a felicidade, ou a tranqüilidade do vosso próximo; acaba no limite que não desejais ninguém transponha com relação a vós [...] [4] *(grifos nossos)*

Segundo Lázaro o dever é *uma **obrigação moral** da criatura para consigo mesma, primeiro*, que tem como origem o *aguilhão da consciência, guardião da probidade interior*. Entendemos como obrigação moral algo que surge no interior de nós mesmos, em nossa consciência. Isso é muito diferente do conceito de obrigação a que nós estamos acostumados, como algo que tenha de ser feito por coerção, fato que gera o autoboicote.

A concepção que temos de obrigação é de algo que vem de fora para dentro, em razão das crenças herdadas, ou a algo que lemos em algum lugar, enfim a um conceito externo.

Já a concepção que temos de dever consciencial é de um movimento de autoconsciência, em que a pessoa escolhe voluntariamente esse caminho, transformando o sentimento de desamor e pseudoamor, não reprimindo o desamor e criando o pseudoamor como na obrigação.

Por isso acreditamos que os termos ***dever consciencial*** definem bem esse movimento essencial à evolução do ser humano, diferentemente da simples obrigação.

---

4. Allan, KARDEC, *O Evangelho Segundo o Espiritismo*, capítulo XVII - item 7.

O ***dever consciencial,*** portanto, começa no interior da criatura e diz respeito à sua própria consciência para, a partir daí, gerar ações que repercutem em outras pessoas.

O exercício do ***dever consciencial*** nos impulsiona à busca do bem, do bom e do belo. O seu exercício está condicionado ao livre-arbítrio. Podemos, em virtude deste, passar por cima de nossa consciência, embotando-a, ou mascarando-a, mas somente pela autoconscientização é que estaremos transmutando as paixões do egoísmo, egocentrismo, orgulho – dentre outras – para realizar o que a nossa consciência determina, libertando-nos, tanto da indiferença e crueldade, quanto da ansiedade de consciência.

Os próximos itens deste capítulo devem ser analisados do ponto de vista deste conceito de ***dever consciencial,*** diferenciando-o da simples **obrigação.**

Trazemos muitos mitos familiares centrados nas crenças de obrigação que se tornaram, para muitos de nós, verdades absolutas, que a maioria das pessoas tem até medo de contestar. Para que tenhamos uma família mais saudável é preciso que questionemos esses mitos com base *no* ***dever consciencial.***

Mito de Amar Todos os Filhos de Forma Igual

Talvez o mito mais difundido entre as famílias é o de que todo pai ou, principalmente, toda mãe que tem mais de um filho ama todos eles igualmente. Criou-se também um mito de que o amor de mãe é sempre sublime, não tem nenhum que se iguale, como se isso fosse uma verdade para todas as mães.

A questão a ser considerada a partir dessa crença-mito é se ela é sustentável com base nos dados reais que presenciamos nas famílias. O que a verdade mostra – nas famílias em evolução que habitam planetas de expiações e provas – é que isso é um mito que foi criado ao longo do tempo, e que todas as mães são obrigadas a manter.

Em sua maioria, a realidade mostra que as mães, em verdade, fingem que amam os seus filhos igualmente, para que não se sintam culpadas, como vimos na história de nossa amiga Marly, analisada no capítulo um.

Esse amor equânime existe em mundos felizes, mas não é próprio de planetas como o nosso, como veremos a seguir, estudando a história de Maria Eunice e seus três filhos.

Maria Eunice é mãe de 3 filhos: João, com 18 anos, Lúcia, com 16 e Roberto, com 15.

Maria Eunice vive repetindo para os três filhos que ama todos igualmente. Nem imaginaria a possibilidade disso não acontecer. Ela sempre diz para si mesma e para todo mundo: *Uma boa mãe ama todos os seus filhos igualmente.*

Porém, a realidade mostra que ela tem carinho todo especial com João, e diz para todo mundo que é o filho que tem mais dificuldades, e por isso o trata de forma diferente, com mais atenção. Com Lúcia tem uma relação um pouco distante. Lúcia claramente sente maior inclinação pelo pai e não liga muito para a distância que sente da mãe. Em relação a Roberto, diz que não dá nenhum trabalho porque é estudioso e se cuida sozinho.

Contudo, Roberto sente-se preterido devido aos cuidados que João recebe e ele não. Quando diz para a mãe que ela gosta mais de João, Maria Eunice redargui, dizendo que "de jeito nenhum", porque ela ama todos igualmente. A questão, conforme diz, é que João é o mais necessitado de sua atenção.

Reflitamos sobre algumas questões.

Se uma mãe acredita nessa crença-mito – como Maria Eunice, que ama os seus filhos igualmente, mesmo que, no fundo, tenha o seu preferido, mas diz não ter – o que acontece em sua intimidade?

Quando ela mente – às vezes, de uma forma subconsciente, até para si mesma, para que a crença-mito seja verdadeira – será que ela exercitará o amor para os filhos por quem tem menos simpatia ou, às vezes, até uma aversão?

Se ela mente para os filhos e para si mesma, que ama todos de forma igual, vai se esforçar para amar os que ainda não ama?

Como acredita, com base na crença de que ama de verdade, para que exercitar o amor, se já ama, mesmo que lá no fundo seja uma mentira?

Todavia, se Maria Eunice reconhecesse a verdade que existe dentro de si, conforme a recomendação de Jesus: *Conhecereis a verdade e a verdade vos libertará*, a situação tomaria outra direção, mais acertada e não falseada.

Qual é a verdade? Que ama bastante João. Dentro de uma visão espiritual profunda, reencarnacionista, ela não é nenhum monstro porque ama mais um, do que os outros. O problema é a mentira que se quer transformar em verdade, gerando uma relação falseada com os filhos, com base na crença-mito.

É fundamental que ela reconheça a verdade. Que ama mais João, do que Lúcia e Roberto. Isso significa que João é um espírito amigo do passado, que está com ela para que possa reforçar o amor, muitas vezes até modificando a forma de amar. Percebe-se que Maria Eunice nutre um amor um tanto passional por João e necessita ressignificar esse amor, para corrigir as tendências negativas que João traz, e não para superprotegê-lo, como ela tem feito.

Com Lúcia ela, de fato, sente certa aversão, mas que busca reprimir de todas as formas, pois vai contra a sua crença. Por isso necessita fazer exercícios de amor para se aproximar mais de Lúcia, porque esse distanciamento dela e maior proximidade com o pai não é por acaso. Pode ser um triângulo amoroso passional do passado a ser reconstruído pelos laços de afeto familiares. Elas não estão juntas hoje, como mãe e filha, para aprofundar o distanciamento e sim, o contrário.

Com Roberto, a verdade é que ela não sente aversão, mas também não sente o mesmo amor que tem por João, apesar de suas negativas. Quando busca refletir sobre as suas atitudes com Roberto, percebe que ela sempre deu menos carinho para ele desde criança, mas justifica a sua consciência dizendo que ele sempre foi mais quietinho e obediente, e que era João quem precisava mais dela. Roberto, ao contrário, sempre a tratou com muito carinho e sente-se preterido, ao perceber a forma como ela trata João.

Maria Eunice necessita fazer exercícios de amor com Roberto, pois se percebe a sua carência e o movimento amoroso em direção à mãe, que talvez seja um desafeto arrependido do passado, que esteja buscando uma reconciliação, mas que tem sido dificultado pelas atitudes da própria mãe.

É muito mais verdadeiro ela reconhecer que traz dificuldades em amar Lúcia e Roberto e faz esforços para amá-los. Parar de mentir para Roberto, que já é adolescente, quando ele disser que ela prefere João. *Não, o que você está dizendo não é verdade. Eu amo vocês igualmente.* Isso amplia as dificuldades de Roberto que pode acreditar que o problema está nele, e não na mãe.

Maria Eunice, ao fazer isso, tem intenção positiva. Ela não quer ser má com Roberto e enganá-lo, mas provar que a crença-mito que traz em si é verdadeira. Crença que ela aprendeu com a sua mãe, que aprendeu com a sua avó e assim sucessivamente. Vai se perpetuando um mito, até que alguém reconheça a verdade e queira ressignificar a crença-mito para se libertar.

Analisemos mais profundamente esse mito, que é uma realidade vivenciada por Maria Eunice e muitas outras mães, e também por muitos pais.

Esse tabu de que toda mãe ama os filhos de maneira igual gera muitos conflitos desnecessários, pois não condiz com a função primordial da família, analisada no Capítulo Um. Se estamos vivendo em família para aprendermos a nos amar como irmãos, como é possível uma mãe trazer como filhos, somente espíritos amigos do passado? Isso seria exceção, e não uma regra.

A regra, em um planeta de expiações e provas, é nos defrontarmos, em família, com afetos e desafetos do passado na posição de filhos, pai, mãe, irmãos, etc. Então, como será possível amar os afetos e os desafetos igualmente, somente porque renascemos como mãe ou pai deles?

É claro que isso não é possível, a não ser em um caso excepcional, em que todos sejam almas afins com essa mãe, o que é raríssimo em planetas de expiações e provas. Uma mãe que tem quatro filhos, em sua maioria, vai receber como filhos afetos e desafetos do passado. Haverá aqueles que ela odiou no passado, que receberá no lar para aprender a amar. Outros com quem ela não terá grandes afinidades, mas também não odiará e também os que já são amigos do passado.

A lei da reencarnação nos direciona para isso. Teremos como filhos, pais, mães, esposos, esposas, irmãos, etc., afetos ou desafetos do passado. Reencarnados no planeta encontraremos, em família, espíritos mais ou menos amigos, ou inimigos para os quais teremos sentimentos diferentes.

Como trazemos em nosso sistema de crenças esses mitos determinando que temos de amar todos igualmente – amar os filhos, o pai, a mãe, os irmãos de forma igual – mentimos para nós mesmos dizendo que amamos.

Por que as pessoas procedem assim? Isso acontece porque aprendemos que toda mãe e todo pai têm obrigação de amar os seus filhos igualmente. Seguimos este tipo de padrão porque aprendemos isso no meio familiar.

Criamos um sistema de crenças desvirtuado, fora da realidade. Mentimos para nós mesmos, para nos adequarmos às nossas crenças, fazendo de conta que a realidade é adequada a ela. Em razão da crença falsa, fazemos com que a realidade se transforme em crença falsa.

Se toda mãe tem que amar todos os seus filhos igualmente, irá mentir quando os seus filhos perceberem que há um preferido, e ficará patente que ela não ama todos de maneira igual.

Fingimos que a realidade é essa, baseados nas crenças falsas de obrigação, ao invés de praticarmos o dever consciencial, que nos recomenda fazer exercícios de amor para, um dia, conseguirmos amar a todos igualmente, cumprindo a função colaborativa da família.

Esse é o objetivo pelo qual Deus nos convida a viver em família. Porém, isso é algo que vai acontecer ao longo de nosso processo evolutivo. Não é por decreto, por obrigação, criando crenças-mito que faremos isso.

É fundamental termos como objetivo a reflexão sobre essas dificuldades familiares, não com o intuito de desmontar a estrutura familiar, mas deixá-la mais verdadeira. Torna-se necessário aprender a lidar com as nossas crenças-mito, verdadeiros tabus familiares, que são passados de geração a geração, sem questionamento. É preciso que alguém comece a questionar esse modelo familiar. Como é possível uma mentira se tornar verdade, somente por repeti-la várias vezes, geração após geração? Mentir, ao dizer que ama todos os filhos igualmente, não se torna verdade, simplesmente por fazê-lo sistematicamente. É como se disséssemos, para nós mesmos, que o que sentimos não é verdadeiro, mas aquilo que acreditamos e falamos o é.

Para pessoas não-reencarnacionistas pode-se até relevar as crenças-mitos que concernem ao amar os filhos de maneira igual. Para uma mãe que acredita que Deus criou a alma do filho na hora da concepção ou do nascimento pode até ser justificável mentir para os filhos, dizendo que os ama igualmente, pois para ela todos são iguais. Porém, para mães espíritas que são reencarnacionistas e sabem como funcionam os mecanismos da vida – a lei da reencarnação e a lei de causa e efeito – fingir que ama todos os filhos igualmente, mentindo para eles, quando isso não é verdadeiro, é injustificável, porque ao mentir para nós mesmos, adiamos a oportunidade de resolver a dificuldade que trazemos. Se assumirmos a verdade, ela nos convidará a nos libertar.

Uma pergunta deve estar em sua mente, caro leitor: *Se o melhor é dizer a verdade, como faremos isso na relação com os filhos?*

Essa crença-mito do amor equânime é uma das mais difíceis de se libertar. Esse tabu é muito forte em nossa sociedade. Muitas vezes, só de parar e pensar na possibilidade de tornar a relação mais verdadeira nós trememos nas bases e, às vezes, mesmo com anos de convicção sobre o que é a vida do espírito.

Porém, nós estamos aqui para quê? Para nos libertar do desamor e das máscaras do pseudoamor. É necessário questionar com toda convicção esses modelos.

Na verdade, bem lá no fundo, sabemos que esse amor equânime, maravilhoso é mentira e não adianta continuar nos enganando, achando que é verdadeiro.

É muito séria essa questão. Pois, não se trata de simplesmente ficarmos arrancando as máscaras, saindo de um extremo e indo para outro, mas se trata de, gradativamente, ir retirando as máscaras.

É uma máscara que aprendemos: *Os pais amam os filhos igualmente* e ponto final. Porém, é isso que todos os filhos sentem na realidade? Às vezes é filho único e não sente o amor, porque não há mesmo amor.

Então, como pode algo que sentimos, que não é verdade o ser somente porque queremos que o seja? Somente dizendo: *Não é, mas vamos fazer de conta que é*? Há quanto tempo estamos fazendo de conta e perpetuando esses modelos baseados em verdades falseadas? Quando percebemos que nossos pais fizeram assim, porque aprenderam com os nossos avós, vamos fazer com quem? Com nossos filhos, que vão fazer o mesmo com nossos netos, que vão fazer com os bisnetos, enquanto alguém não transformar tudo isso.

A verdade é como um grande diamante que faz brilhar a nossa vida. Quando oferecemos esse diamante a alguém, ele faz brilhar a vida do outro. Porém, a verdade é também como uma pedra. Se a jogarmos no rosto do outro vai doer como uma pedra qualquer.

Então, para um pai ou uma mãe chegar para o filho e dizer: *Olha, realmente, você tem razão quando diz que não gosto de você. Eu estou fazendo um esforço danado para aprender a amar você, para conviver com você. É um sacrifício enorme para mim,* é como pegar o diamante e atirar na cara do filho. Não é assim que se fala a verdade. Isso é sair do pseudoamor, gerador do fingimento, para ir para o extremo oposto do desamor, gerador da crueldade, mesmo usando a verdade.

Pode até ser verdade o fato do pai ou da mãe estar fazendo esse esforço enorme, mas a verdade deve ser dita amorosamente. É preciso oferecer o diamante da verdade, dizendo: *Filho, realmente você tem razão. Temos certa dificuldade em nos aproximarmos, contudo nada é por acaso, meu filho. Isso significa que estamos aqui, juntos, para nos libertarmos dessa dificuldade. Já conversamos sobre a função da família. Você sabe que nós reencarnamos em família para aprendermos a amar. Essa dificuldade que você sente na nossa relação é fruto do nosso passado, e estamos aqui para transformar essa dificuldade. Então você pode me ajudar, eu posso ajudar você e nós cresceremos e, de repente, essa desigualdade que você percebe, poderá não existir mais daqui a algum tempo. É isso que estamos fazendo. Aos poucos vamos nos libertando dessa dificuldade.*

É fundamental não negar a realidade, porque o grande problema, nessa questão, é a negação, a repressão de sentimentos. Quando uma mãe ou um pai nega a percepção do filho que se sente preterido está, na verdade, tentando reprimir os sentimentos desse filho. Então, a mãe nega a percepção: *Não, isso não é verdade. Eu amo todos vocês igualmente.* É como se dissesse: *Você está sentindo errado. Não é isso que você está sentindo.* Mente para o filho e passa a mensagem que o filho é mentiroso. E na verdade é o contrário. Aí, o que acontece com o filho? Ele finge que isso é verdadeiro e todo mundo fica fingindo até a próxima percepção, e tudo se repete. Se quisermos uma família baseada em fingimento, continuemos assim. Porém, o que a Vida nos pede é para utilizarmos a família para aprendermos a nos amar de verdade.

Outro ponto a ser considerado é que, pelo fato da mãe ou do pai mentir, dizendo que ama todos os seus filhos igualmente não significa que a rejeição não seja percebida. Ela ocorre do mesmo jeito e é percebida de uma outra maneira, de forma subjetiva, pois a mãe dá menos atenção, coloca menos no colo. Como exemplo, citamos o caso de Maria Eunice, colocado anteriormente. Ela sempre disse que amava os filhos igualmente, mas desde a infância deles, na hora de pôr no colo, só colocava o João e os outros dois não. Estava demonstrando, de forma concreta, a verdade. Para Lúcia e Roberto ela nunca tinha tempo, ou dizia que estava "cansada".

Contudo, se quisermos uma relação mais autêntica e amorosa de verdade, e não de faz-de-conta vamos reconhecer a verdade. É necessário desenvolver uma relação verdadeira. O pai e a mãe fazem esforço para amar e compartilham esse esforço com o filho, para que ele também faça o mesmo, para que ele não se sinta preterido.

Todos são responsáveis por transformar a relação com base na verdade, por mais dolorosa que seja essa verdade. Ela faz criar uma nova vida em família, melhor, mais autêntica, em que se solucionam as dificuldades, enquanto que a mentira disfarçada de verdade vai perpetuando o problema.

Isso demonstra o caráter de humanidade do pai e da mãe. Não somos donos da verdade, pessoas perfeitas que já amam incondicionalmente. Somos pessoas buscando o aperfeiçoamento. Isso é que torna a família verdadeira: pessoas imperfeitas, convivendo juntas para se aperfeiçoarem.

Tudo isso que colocamos sobre a autenticidade na relação entre pais e filhos só deve ser dito para os filhos a partir do final da segunda infância e, principalmente, na adolescência. Na primeira infância e no início da segunda, a criança não tem capacidade de refletir de forma abstrata para compreender esses conceitos.

Como a criança pensa de maneira concreta, não conseguirá abstrair nesse nível, para suportar a verdade. Especialmente na primeira infância é importante fazer esforços concretos de amor para que a criança não se sinta menos amada, tais como pegar no colo, abraçar, beijar, dar atenção, mesmo que a mãe ou o pai não sinta a mesma espontaneidade que tem para com os filhos que já são afetos do passado.

Mito de que Todos os Filhos Têm Obrigação de Cuidar dos Pais

Outro mito muito difundido no seio familiar, tão forte quanto o anterior, é o de que todos os filhos têm obrigação de cuidar dos pais, especialmente, quando eles são idosos ou ficam doentes.

Analisaremos esse mito com base no **dever consciencial**, no qual os filhos são convidados, pela própria consciência, a proverem a necessidade dos pais, especialmente quando são idosos, sejam carentes materialmente ou não.

Estudemos, a seguir, a história de Janaína, Alfredo, seu pai e Marlene, sua mãe. Ambos vivem com ela, apesar de ela ter mais dois irmãos e uma irmã. Os outros irmãos de Janaína dizem que ela tem obrigação maior de cuidar dos pais, por ser a filha que permaneceu solteira. Praticamente, não ajudam nos cuidados com estes.

Janaína tem mais afinidade com o seu pai do que com a sua mãe. Sente raiva e aversão pela mãe em muitos momentos, fato que a faz entrar em ansiedade de consciência, pois esses sentimentos se chocam frontalmente com as suas crenças de como deve ser uma boa filha. Marlene tem depressão crônica entre moderada e severa, com muitas ações de rebeldia, que torna a relação com a filha muito difícil.

Apesar das dificuldades, Janaína diz que *É uma obrigação minha cuidar dos meus pais. Eu tenho que fazer. Tenho que conviver*. Questionada sobre essa obrigação, Janaína diz que não pode deixar os pais, pois eles não têm como se manter.

Vejamos que para Janaína só existem duas opções: o martírio, ou a indiferença. Ela se obriga a cuidar dos pais, martirizando-se. Se questionada, pensa que a outra possibilidade seria abandoná-los, em um ato de indiferença e crueldade. É como se existissem apenas esses dois movimentos egoicos, pseudoamor ou desamor.

Façamos uma análise profunda sobre a história de Janaína, que é semelhante à história de vida de muitos filhos, com seus pais idosos. Vamos, mais uma vez, analisar a verdade para nos libertarmos das crenças-mito.

Vejamos que, em relação aos nossos pais, teremos duas opções egoicas desequilibradas – a indiferença e a crueldade – geradoras do abandono, seja em instituições ou até dentro do próprio lar, apenas com o provimento dos cuidados materiais ou o martírio, gerador da obrigação de cuidar dos pais. Portanto, o desamor ou o pseudoamor.

A única opção equilibrada é a renúncia, resultante da prática do dever consciencial. A renúncia é o amor em ação.

Somos convidados pela Vida a desenvolver o amor, exercitando a renúncia a uma família feliz, que ainda não merecemos, praticando a autoconsciência.

Vejamos que Janaína já nutre por seu pai uma relação de maior afetividade. Isso significa que esse amor foi construído em algum momento, seja nesta existência, seja em uma existência anterior. Quando o pai de Janaína ficou internado, com um gravc problema de saúde, ela não teve grandes dificuldades em cuidar dele no hospital. Porém, em outra ocasião, em que aconteceu o mesmo com a sua mãe, Janaína teve grandes dificuldades em cuidar dela. Muitas vezes pensou em abandonar a mãe lá, mas tinha grandes conflitos de consciência ao pensar nisso.

Utilizando esse exemplo – cuidar de uma mãe doente em um hospital – poderemos usar qualquer uma das três opções estudadas acima. Podemos agir com indiferença. Colocamos a mãe no hospital porque não tem mais ninguém para fazer isso, ou porque o Estatuto do Idoso assim o exige, para não sermos penalizados pela justiça. Mas, nem iremos lá para saber como ela está. É o movimento da indiferença e crueldade.

Podemos agir por obrigação, no movimento do martírio, como Janaína age. Dizemos: *Eu tenho que cuidar de minha mãe no hospital, porque afinal ela é minha mãe.* Porém, apesar da auto-obrigação, temos vontade de sair correndo e largar a pessoa lá. Isso acontece porque o martírio encobre o movimento de crueldade e de indiferença. Na verdade mascara porque, lá no fundo, continuamos com todos os sentimentos negativos.

Podemos desenvolver o movimento essencial equilibrado, a renúncia, o amor em ação. Quando optamos pela renúncia, não quer dizer que vamos realizar os cuidados com espontaneidade, com afetividade. Por quê? Para que isso aconteça é preciso que já haja uma relação de amor já construída. Em família, a maior parte das relações é para exercitar o amor, isto é, transformar o desamor do passado, ressignificando-o.

Então, vamos ter muitas situações em que seremos convidados a exercitar o amor. Quando optamos pela renúncia, esse movimento de autoconsciência vai fazer com que nos esforcemos e cuidemos de uma mãe doente no hospital, apesar do desejo contrário. Isso é o exercício do amor. Isso significa que vai ser fácil? Só se aquela mãe for uma excelente amiga do passado.

Como esse não é o caso de Janaína, ela é convidada a construir o movimento de renúncia. Isso significa que, inicialmente, não vai haver espontaneidade nos cuidados. Ela vai exercitar se esforçando, até que, gradativamente, a espontaneidade seja desenvolvida. Por isso é um exercício constante de autoconsciência.

Algumas vezes, em situações semelhantes à de Janaína, seremos convidados a nos esforçar a vida inteira, sem alcançar essa espontaneidade, dependendo do nível de desajustes que trazemos do passado, a serem corrigidos.

A maior parte de nós tem como pai, como mãe, como irmãos, espíritos com vinculações negativas não necessariamente de inimizades, mas negativas, às vezes como comparsas de crimes. São pessoas que estiveram ligadas a nós de uma forma negativa e quando somos convidados a renunciar, significa exercitar a autoconsciência em um movimento amoroso, que sempre vai ser um esforço maior, ou menor, de acordo como o nível de proximidade afetiva que temos com aquela pessoa.

É claro que conviver com pessoas com as quais já temos o amor construído, é muito mais fácil. Percebamos que Janaína já realizou isso, no passado, com o seu pai. Já com a sua mãe é o amor a ser construído. É um convite da Vida para a construção do amor.

Porém, podemos nos martirizar e fazer de conta que estamos exercitando o amor. *Ah, eu estou fazendo o possível para cuidar dela.* Isso significa todo um movimento de martírio, que é um jogo psicológico, que analisaremos no próximo capítulo. O martírio gera uma relação doentia, porque provém da ansiedade de consciência.

Somos convidados pela Vida a transformar, tanto a tendência à indiferença e crueldade que cultivamos no passado, quanto a ansiedade de consciência resultante desse cultivo que nutrimos no presente. O caminho para isso é a **renúncia.**

A renúncia é o exercício do amor por excelência. É o amor que renuncia, voluntariamente, a uma felicidade ainda não possível, para poder construir essa felicidade. A renúncia só é possível a partir do sentimento de amor que, na verdade, é o amor sendo colocado em prática.

No caso de Janaína a Vida está convidando a renunciar a quê? A ter uma mãe equilibrada. Porque no fundo, Janaína, como é natural em todas as pessoas, gostaria de ter uma mãe saudável, amiga. Em sua intimidade tem pensamentos do tipo: *E se a minha mãe fosse assim... ou assado...* Nesse momento Janaína idealiza aquela mãe maravilhosa que todo mundo quer ter. Seria ótimo, não é? Seria, se Janaína já tivesse plantado as flores do amor, que a fizesse por merecer uma mãe assim.

A pergunta que Janaína deve fazer à própria consciência é: *Por que Deus não me proporcionou uma mãe assim?* As Leis Divinas são sábias, amorosas e justas. Então, se Janaína tem uma mãe depressiva, exigente, convidando-a à renúncia é porque, em algum momento de sua vida pregressa com essa **irmã em humanidade** que hoje ocupa a função de sua mãe, foi comparsa dela, ajudando-a a perpetrar crimes, ou foi conivente com esses crimes, ou cometeu excessos criminosos contra a atual mãe. Analisando a questão pelo ângulo da lei de causa e efeito existe um motivo para esse Espírito estar em sua vida como mãe. Não é por acaso.

As Leis Divinas não são aleatórias como muitas vezes pensamos. Janaína não teve, da Vida, uma incumbência do tipo *toma essa mãe depressiva para você cuidar*, sem haver um motivo significativo para isso. Deus não faz isso conosco. Nessas situações existe sempre algum motivo que não sabemos objetivamente, mas que a nossa consciência diz que é justo, e nos convida a renunciar à mãe maravilhosa, que ainda não merecemos, para cuidar desta, a quem devemos.

Porém, ainda poucos sabem renunciar dessa forma. A maioria opta pela indiferença e crueldade. Abandona a mãe, o pai, não necessariamente em instituições mas, muitas vezes, afetivamente. Outras vezes abandona afetiva e materialmente em asilos ou outros locais, dizendo: *Não quero nem saber. Não tenho nada a ver com isso,* como se as Leis Divinas houvessem errado ao nos fazer renascer por aquele pai, aquela mãe.

Outros, em razão da ansiedade de consciência proveniente, inclusive, do desejo de abandonar, vão para o martírio do ***tenho que***, da obrigação. *Tenho que cuidar dela porque é minha mãe, é minha obrigação, e se eu não fizer, a minha consciência cobrará*, mas, lá no fundo, a consciência continua cobrando, porque não é um movimento amoroso de fato. É pseudoamoroso. Todas as vezes que nos movimentamos no pseudoamor, a energia do desamor não muda em nós porque, por dentro, continua a vontade de praticar a indiferença e a crueldade, a vontade do abandono que reprimimos, e nos obrigamos ao martírio.

Portanto, o movimento egoico mascarado – o martírio – gerado pela obrigação, acontece à custa da repressão do movimento egoico evidente – a indiferença e a crueldade. Reprime-se o evidente e desenvolve-se o mascarado. São dois movimentos egoicos extremistas: o evidente, originado no desamor, e o mascarado, no pseudoamor.

A Vida nos convida a ir pelo caminho do meio – o movimento essencial amoroso – gerado pela autoconsciência:

Eu estou consciente de que algum motivo existe para essa relação difícil com a minha mãe (ou com meu pai) e posso fazer a minha parte para que essa relação, apesar de difícil, seja saudável.

É importante saber que não temos o poder de fazer as escolhas pelo nosso pai ou nossa mãe, mas podemos fazer a nossa parte, esforçando-nos para dar o melhor, para que a relação com eles seja a mais saudável possível.

Portanto, muito de nós achamos que estamos renunciando quando, na verdade, estamos nos autoanulando e nos acomodando a uma relação em que a doença do pai, da mãe, etc., nos afeta. Estamos falando de doença, do ponto de vista mais profundo. Não doença do corpo físico, mas a doença espiritual, que gera a dificuldade do relacionamento.

Muitos de nós, como vimos anteriormente, nos acomodamos em uma atitude de pseudoautoconsciência e dizemos: *Eu não posso fazer nada, é meu carma. É porque no passado eu fiz muito mal para essa pessoa e agora estou recebendo de volta.* Parece muito bonito e até podemos acreditar que é renúncia, não é? Parece, mas não é. Isso é martírio. É pseudoamor.

Renúncia é: *Eu renuncio a uma relação plenamente feliz, porque eu plantei infelicidade no passado, agora estou colhendo esse plantio. Porém, é possível ter a felicidade da consciência tranquila, fruto do dever cumprido.*

Finalizando a reflexão sobre a história de Janaina. Ela não precisa ser infeliz, como tem sido, porque a sua mãe não quer ser feliz. Ela não precisa ter uma relação doentia com a mãe, porque ela optou pela doença da rebeldia, geradora da depressão.

É fundamental que Janaína desenvolva os sentimentos que são a base do movimento da renúncia que está centrada no amor: autoamor, autoaceitação, autovalorização, autorrespeito e autoconfiança.

Com base nesses sentimentos ela não precisa se submeter à doença e à infelicidade da mãe. É possível criar um ambiente saudável, que só depende dela, resultante do sentimento de felicidade de estar se reabilitando perante a sua própria consciência.

Mito da Obrigação de Conviver para Manter a Harmonia Familiar

Outro mito muito forte que trazemos é o da obrigação de conviver com os familiares. Trazemos crenças do tipo: *Todo filho tem a obrigação de visitar os seus pais. É preciso que haja uma convivência entre todos os familiares para que a família permaneça unida.* Qual é a intenção positiva dessas crenças-mito? A intenção positiva é cultivar os laços familiares que são muito importantes. A inadequação está centrada na obrigação de ter de realizar a convivência forçosamente.

Vamos estudar a história de Joaquim e sua família, com o objetivo de questionar essa crença, com base na verdade, para que ela nos liberte.

Joaquim é casado e tem um casal de filhos. É originário de uma família patriarcal bem tradicional, em que os filhos são praticamente intimados a se reunir todos os domingos na casa do pai, para o almoço. Outras reuniões, em que se exige a presença obrigatória dos filhos são Natal e Ano Novo.

Joaquim se sente desconfortável com essa obrigação, porém a sua esposa insiste com ele, dizendo que a participação é fundamental para manter a família unida. Os pais da esposa de Joaquim já são desencarnados.

Ele acha que não tem nada em comum com os familiares por ser espírita, e os seus familiares não. Joaquim tem valores completamente diferentes aos dos pais e aos dos cinco irmãos, que faz com que frequentar os almoços de domingo e as festas de final de ano sejam, para ele, um verdadeiro suplício. Ele acha insuportáveis os almoços regados à cerveja, às conversações fúteis e, muitas vezes, maledicentes dos familiares. Enfim, acredita que a família de origem não tem nada a ver com ele.

A sua vontade é esquecer que tem pais e irmãos e só cuidar da família que ele constituiu e que, conforme relata, são pessoas que têm tudo a ver com ele, e não os outros da família de origem.

Estudemos essa questão da pessoa ser forçada a uma convivência com os familiares. Por que essa crença-mito é inadequada? Porque ninguém vai, verdadeiramente, ter uma relação saudável, por obrigação.

Temos visto muitas famílias disfuncionais, extremamente doentes, com padrões de crença extremamente falsos, com intenção positiva muito bonita, mas, totalmente doentia, do ponto de vista da direção.

São os padrões do tipo "tem que", já analisados. No caso, a obrigação da convivência, que gera a convivência forçada, totalmente artificializada.

Quando isso acontece, a pessoa que não se acomoda a esse padrão, sente-se tentada a ir para o movimento oposto, o da indiferença. *Ah! Não quero nem saber dessa família, é só chateação, só aborrecimento. Não vou nem visitar, não quero saber, que se danem todos*. Podemos agir assim? Podemos, porém, não nos convém.

Qual a intenção positiva desse movimento? Autopreservação. E por que é inadequado? Porque a direção é equivocada, pois produz o rompimento dos laços de família. Não é por acaso que aquele pai é nosso pai, que aquela mãe é nossa mãe, que aqueles irmãos são nossos irmãos.

Só existe uma relação voluntária na família: a que nós efetivamos com o cônjuge. Podemos ter ex-esposa ou ex-esposo. Porém ex-pai, ex-mãe, ex-irmão, ex-filho não existe, a não ser pelo abandono da relação. Então, não é por acaso.

Portanto, essas relações são importantes para a nossa evolução, senão não existiriam. Dentro da lei da vida existe todo um movimento importantíssimo a ser realizado.

Porém, não será verdadeiro se for por obrigação, gerador de uma falsa convivência, baseada no pseudoamor. O extremo oposto da indiferença, do desamor também não é uma alternativa saudável. A alternativa correta é quando percebemos os padrões equivocados e buscamos a autoconsciência, geradora do padrão equilibrado.

Voltemos à história de Joaquim. Joaquim pode dizer: *Eu não quero esse tipo de convivência em família. É um padrão falso. Não quero esse padrão social, corrompido, que cria famílias extremamente doentes, onde vai todo mundo na casa do pai todo domingo, sorrindo amarelo, um para o outro, anestesiando a consciência com bebidas e outras coisas mais. Mas está todo mundo ali, junto. As pessoas fingindo que está tudo bem, dizendo que a nossa família é extremamente unida. Não quero isso para mim.*

Realmente uma convivência familiar como a da família de Joaquim é disfuncional, doentia. Portanto, é necessário reconhecer a verdade. Há uma disfunção a ser transformada. Joaquim tem três opções para lidar com a questão, duas negativas e uma positiva. Estudemos as três, generalizando, para aplicação às nossas vidas.

A primeira opção negativa é a acomodação à situação, baseada na crença de obrigação, apesar do desejo de ser diferente. Dizemos para nós mesmos por comodismo: *Toda família é assim mesmo*, e continuamos a conviver em um eterno faz-de-conta.

Se optarmos pelo faz-de-conta: *Eu vou conviver porque tenho obrigação. Senão, o que vai ser da minha família? Ela vai desmoronar!* Como será essa convivência? Na verdade, não existe uma convivência de fato. É uma relação falseada, com base na obrigação. Há uma intenção positiva nessa escolha – a de realizar a convivência – mas, mal direcionada pelo padrão de obrigação.

A segunda opção negativa é ir para a indiferença. Também é uma escolha cômoda. A pessoa diz: *Não! Eu não quero esse padrão doentio. Quero um padrão mais saudável*, porém substitui por outro padrão doentio, o padrão do **isolamento**. A pessoa simplesmente se enclausura dentro de si mesma. E esse movimento, dentro da visão sistêmica-transpessoal de família, estudado anteriormente, é doentio. Quando abandonamos também estamos doentes de outra forma: a doença do isolamento que temos em relação àquela família.

Podemos fazer isso? Podemos, mas o que acontecerá com o compromisso que assumimos de conviver com o pai, a mãe, os irmãos? Adiaremos para o futuro, pois ele não deixará de existir. Há uma intenção positiva nessa escolha, a de nos autoproteger desse padrão doentio, mal direcionado, pelo padrão de isolamento, que não gera proteção real.

Qual é a única opção positiva? Aquela em que unimos as intenções positivas de cada movimento equivocado, dando uma direção adequada. Forçar não resolve o problema. Tampouco nos isolar. O que vai resolver? Se quisermos realmente não adiar o compromisso indo para o isolamento, nem tampouco nos obrigar a uma convivência por martírio pessoal, é preciso nem forçar, nem abandonar a convivência. É necessário se **esforçar** para conviver o mais saudavelmente possível.

Qual a diferença entre *se forçar* e *se esforçar*? Forçar é conviver por obrigação, e esforçar é conviver por conscientização. Para nós é agradável conviver com uma família disfuncional? Com certeza não. Os valores são bem diferentes dos nossos. Então, não é agradável conviver com uma família disfuncional, mas podemos, mais uma vez, optar pela renúncia e escolhermos a convivência por um ato de autoconsciência amorosa. Podemos escolher isso e dizer: *Dentro das minhas possibilidades, o que eu posso, aqui e agora, é me esforçar para conviver com esta família que Deus me proporcionou, para que eu aprenda alguma coisa, mesmo com todas as dificuldades, mas de coração aberto, de forma verdadeira, não na base do faz-de-conta. Ao mesmo tempo posso passar, gradativamente, os valores da Doutrina Espírita a meus familiares, quando eles se dispuserem a me ouvir.*

Analisemos, agora, uma questão importante acerca da qual podemos refletir, baseados na história da família de Joaquim, que é a autopreservação verdadeira, não a falsa preservação realizada, a partir do movimento egoico do desamor.

Existem muitas famílias disfuncionais, extremamente doentias, que nem reconhecem as suas disfunções. Acreditam que viver assim é normal e, devido a isso, essas famílias não querem se tornar saudáveis. Uma pergunta que devemos nos fazer em situações como essa: *Precisamos ficar doentes, juntamente com os demais familiares, a pretexto de fazer a família permanecer unida?* É claro que não. A convivência, nesse caso, pode prejudicar aquele que deseja ser saudável. Por isso, nesse caso, podemos optar por manter um afastamento de **autopreservação.**

O que é um afastamento de autopreservação?

O afastamento de autopreservação é completamente diferente do isolamento, que vimos anteriormente. O isolamento é o afastamento pela alienação, em relação à família, em que a pessoa assume uma posição como se não tivesse nada a ver com as disfunções da família. Como vimos, através da abordagem sistêmica sempre temos algo a ver com isso.

O afastamento da autopreservação é o processo de afastamento da convivência física, mas sem haver um afastamento psíquico-emocional. Interiormente a pessoa mantém uma vinculação com a família. Ela se mantém ligada à família pelos laços invisíveis do coração. Busca sempre manter-se ligada pelos laços do sentimento. A pessoa, por exemplo, pode continuar orando pelos familiares, desejando que eles estejam bem, que eles despertem para uma vida mais saudável. A pessoa está ligada o tempo todo à família e preservada pelo distanciamento que é físico e não emocional. Ela se desliga das disfunções familiares para se manter saudável. Com isso ela estará inteira para ajudar os familiares no momento correto, quando essas próprias disfunções gerarem dificuldades maiores.

Inclusive, a partir do momento em que a pessoa se sente preservada emocionalmente, pode até começar a conviver fisicamente, pois já consegue se manter em harmonia, apesar da desarmonia dos familiares. Por isso o afastamento de autopreservação é temporário, não definitivo. Portanto, cada pessoa deve refletir e analisar aquilo que pode dar para a relação familiar.

Voltemos ao caso de Joaquim. Se ele refletir e concluir que o melhor é se preservar, sem conviver com os seus pais e irmãos por algum tempo, ao mesmo tempo em que vai se preparando para isso, trabalhando seu coração para conviver por inteiro, de coração aberto, tudo bem. É esse o caminho.

Se ele chegar à conclusão verdadeira de que é necessário um afastamento, é preciso que o respeite e trabalhe para não se forçar, mas deve se esforçar para voltar a conviver o mais breve possível. Não existe um tempo cronológico para esse afastamento. O tempo é psicológico. É o tempo que ele sentir ser o correto. O retorno à casa dos pais pode ser no próximo domingo. Pode ser daqui a um mês, um ano. O que importa, nessa questão, não é o tempo de afastamento, mas que durante esse tempo ele esteja trabalhando o seu coração para o retorno por inteiro. Se isso acontecer, ele estará no caminho correto do equilíbrio, da aproximação verdadeira, diferente daquele do faz-de-conta da obrigação.

Porque é relativamente fácil se martirizar e ir à casa dos pais para visitar. Porém, se ao chegar lá, ele se mantiver isolado emocionalmente, a presença será apenas física, uma falsa presença. Então o adequado é o esforço, e cada pessoa tem as suas próprias condições. Existem pessoas que se esforçam, já realizando a ação. Alguns nem param de conviver para realizar os esforços de superação. Outras necessitam de mais tempo para superar. Por isso, não existe um tempo cronológico.

Para finalizar este assunto, vamos refletir acerca de algumas questões relacionadas às reuniões em família como Natal, aniversários, Ano Novo e outras comemorações. Muitas pessoas dizem que a presença nessas reuniões é obrigatória para manter a unidade da família, e outras não veem nenhum sentido nelas.

Em nossa opinião, pensamos que essas reuniões sejam excelentes. São ótimos momentos para desenvolver o amor. O grande problema é que, muitas vezes, fazemos as reuniões por obrigação: *Tenho que ir. Tenho que aguentar, aturar aquela coisa que vai ter lá. Não tem outro jeito*. Quando isso acontece, as reuniões passam a ser um problema.

Ao invés de nos esforçarmos para criar um novo modelo, baseado na convivência por escolha amorosa, nós fazemos com que essas reuniões, feitas por obrigação, se tornem algo pró-forma. Uma coisa que suportamos em "benefício" da família. Acreditamos que isso vai manter a unidade familiar. Realizamos as reuniões por obrigação, e quando entramos no terreno da obrigação, optamos pelo pseudoamor.

É necessário um questionamento: é mesmo em benefício da família, ou é em benefício de uma tradição falseada? É em benefício de uma tradição falseada. Isso significa que devemos acabar com as tradições? Não. É necessário que façamos com que a tradição tenha sentido. Quando isso acontece, as reuniões são extremamente válidas.

Portanto, quando realizamos as reuniões sem sentido, por obrigação, vamos para o outro extremo, o da indiferença, acabando com as tradições.

A Vida nos convida a realizar ações por conscientização. Isso significa escolher o melhor. Quando estamos conscientes podemos escolher: *Eu posso não participar da reunião? Posso.* Porém, não participar é sair do extremo do pseudoamor e ir para outro extremo, o do desamor, gerador da indiferença. *Ninguém convive mais com ninguém. Todo mundo vai viver sua vida e pronto.* É isso que é o melhor? É isso que vai fazer com que melhoremos as nossas relações? Como já vimos, não é por acaso que temos essas relações, mesmo as que trazemos com parentes mais distantes. Portanto, existe uma forma de nos conscientizar para nos conduzirmos mais amorosamente, para que as reuniões familiares não sejam mera formalidade.

Não é com atitudes de desamor que vamos resolver os nossos problemas. Muito menos com pseudoamor. Por isso é necessária a conscientização.

Normalmente, projetamos os problemas nos outros. Ficamos esperando que os outros mudem: *Ah, mas não adianta nada, ninguém se ama, mesmo.* A pergunta que devemos nos fazer é: *E eu, desejo realmente mudar? Eu desejo fazer exercícios de amor? Eu faço a minha parte?* Se quisermos mudar esse modelo das tradições falseadas, mudemos a nós mesmos. Se mudarmos o nosso modelo de crenças, os nossos sentimentos e comportamentos mudam, e a nossa mudança convida os outros a se mudarem.

Porém, é importante refletir sobre o que é convidar. O movimento de equilíbrio é convidar o outro a mudar a partir da própria mudança, que é muito diferente daquilo que normalmente realizamos, baseados na imposição. O amor jamais será forçado, deverá ser esforçado. Os outros não têm obrigação de seguir o nosso exemplo de mudança, mas a nossa mudança convida os outros a mudarem.

Mito de que, para que haja uma relação familiar harmoniosa é preciso aceitar tudo o que os familiares fazem

Vamos estudar agora a história de vida de Cacilda.

Cacilda foi educada por uma mãe, cujo modelo de crenças a leva a agir de uma forma pseudoamorosa. Eduarda, a mãe de Cacilda, é uma típica mártir, que se autoanula para manter o lar em "harmonia", conforme diz. O pai, Genésio, é um homem muito cruel, viciado em drogas lícitas, como o álcool e o tabaco e ilícitas, como a maconha.

Genésio sempre agiu de forma despótica com a esposa e os dois filhos, Cacilda e seu irmão Rogério. Muitas vezes, ao chegar em casa alcoolizado, espancava a esposa na frente dos próprios filhos. Tinha relações extraconjugais com várias mulheres.

Além disso, cultivava o hábito de fazer terrorismo emocional com os filhos, ameaçando-os de matar a mãe, e depois matá-los. Desde a infância até a adolescência, muitas vezes espancava os filhos. Agora, mesmo com os filhos já adultos, continuava ameaçando-os de morte.

Eduarda traz um modelo familiar de crenças muito arraigado, que herdou da mãe, no qual *as mulheres têm que se sacrificar para manter o lar em harmonia*. Por isso a sua extrema autoanulação em relação a Genésio. Eduarda fez de tudo para que Cacilda também desenvolvesse esse modelo de crenças. Obrigava a filha, desde pequena, a abraçar e beijar o pai, mesmo quando ele estava alcoolizado. Vivia dizendo para a filha que ela tinha obrigação de aceitar o pai da forma que ele era, simplesmente por ser seu pai.

Cacilda, na infância, fazia o que a mãe pedia com muita revolta interior, mas na adolescência passou a ter um movimento completamente oposto ao da mãe, a ponto de sentir enorme ojeriza pelo pai, ficando sem falar com ele por meses a fio. Ao mesmo tempo, instava que a mãe reagisse e se separasse do pai, fato que Eduarda nunca levou em consideração.

Hoje, Cacilda está casada e percebe-se em sua relação com o marido um fenômeno que denominamos de **antimodelo**. Cacilda se relaciona com o esposo, Estevão, de uma forma totalmente oposta à de sua mãe. Costuma ser extremamente agressiva. Vive dizendo a ele que jamais ouse traí-la, ou agredi-la, seja verbal ou fisicamente, apesar de ele ser uma pessoa muito calma e respeitosa.

Cacilda criou, a partir da revolta em relação ao modelo da mãe, um antimodelo e projeta no esposo a imagem do marido de sua mãe, o seu pai Genésio. O modelo de marido que ela traz internalizado é aquele que seu pai desempenhou com a sua mãe. Como desenvolveu um antimodelo em relação à mãe, vive imaginando que o seu esposo possa se tornar igual ao esposo da mãe. Por isso o agride, mesmo que ele não dê motivos para isso. É como se ela se prevenisse, mesmo não sendo agredida.

Percebamos que Cacilda desenvolveu com o seu esposo, um movimento extremista, oposto ao de sua mãe. Cacilda cultiva o desamor e Eduarda o pseudoamor.

Hoje, mesmo adulta, Cacilda recebe uma pressão da mãe para que cultive um relacionamento amistoso com o pai, que continua com as mesmas posturas. Cacilda, apesar do posicionamento frontalmente contrário ao de sua mãe, muitas vezes se sente culpada por não seguir as orientações dela, no sentido da própria autoanulação.

Reflitamos sobre a história dessa família, extremamente rica para o nosso aprendizado.

Primeiramente, avaliemos o que significa aceitar. De um modo geral confundimos aceitação, com autoanulação. Autoanulação significa anular a pessoa que somos, para conviver com o outro.

A pessoa que se autoanula, se autodesrespeita, anula o seu ser, as suas vontades, para criar uma pseudoaceitação do outro como ele é. Isso não é aceitação. Aceitação é uma virtude e as virtudes não são desenvolvidas por obrigação, por uma imposição, mas por uma escolha consciente.

A virtude jamais conive com a crueldade, com o crime, como Eduarda aprendeu e tentou transmitir para Cacilda. Ao se martirizar, Eduarda cria uma falsa aceitação que é, na verdade, conivência, leniência, atitudes de pseudotolerância que não têm nada a ver com aceitação.

Diante de situações como as vividas por Cacilda, seu irmão e também a sua mãe, o que seria aceitação em relação a Genésio? Como Cacilda deve praticar a aceitação de um pai cruel? Significa aceitar a pessoa e não as atitudes da pessoa. Inclusive, como vimos no item anterior, é necessário, muitas vezes, um distanciamento para autopreservação.

Afastar-se de um pai ou outro familiar cruel é uma atitude de autorrespeito e preservação de quem está se afastando. Porém, o afastamento não é emocional, é físico. Podemos até ficar sem conviver. Isso não é problema, se for apenas uma atitude externa de autoproteção, se internamente estivermos abertos ao relacionamento, mas um relacionamento que tenha, no mínimo, respeito.

Estamos reencarnados na mesma família para exercitar o amor. Podemos exercitar o amor a um pai cruel, respeitando-o por ser nosso pai. Essa é uma atitude de autoconsciência e não de fingimento, que é derivada da obrigação de aceitar tudo que o nosso pai faça.

É perfeitamente natural, quando estamos fazendo exercícios de amor verdadeiro respeitar o pai que optou pela crueldade, contudo não vamos nos submeter à sua crueldade. Porque, se nos submetermos à crueldade dele, estaremos nos autodesvalorizando, nos autodesrespeitando, e isso é o caminho para o martírio: *Eu tenho que me submeter, porque é meu pai.* Não, isso é pseudoamor. O amor liberta do sofrimento. O amor que traz sofrimento não é amor, e sim pseudoamor. O amor é suave, é leve. É o que Jesus nos ensina. O amor é libertador, tanto de quem ama, quanto de quem é amado.

Então, se por amor fôssemos forçados a nos submeter à crueldade de alguém, estaríamos fingindo exercitar o amor. Só porque esse irmão em humanidade está, hoje, na posição de pai ou de mãe, seremos forçados a amar? É claro que não.

Voltemos à história de Cacilda. Amar o pai é um exercício. Se hoje ele está como seu pai, amanhã pode estar como seu filho, seu esposo, porque essas posições podem mudar a cada reencarnação, dependendo da necessidade dos envolvidos. Nós somos espíritos irmãos uns dos outros. É fundamental para Cacilda refletir que o seu pai de hoje é alguém com vinculações negativas com ela do passado, que ele não está disposto a ressignificar, porém ele, enquanto Essência Divina é um ser imortal, que um dia vai cair em si, vai se melhorar.

Então, com base nisso, Cacilda pode aceitá-lo como ele é. E aceitá-lo como ele é não é conivir com as atitudes dele, não é ser leniente, mas é respeitar o pai e colocar limites respeitosos na relação com ele.

Não podemos fazer com que um pai cruel deixe de ser cruel, mas podemos colocar limites, para que ele nos respeite. Se a relação é desrespeitosa a ponto de haver agressões físicas e morais, é necessário um distanciamento físico, mas não emocional.

O problema é a distância em nível do coração, do sentimento. Não é por acaso que temos aquele pai, ou outro familiar cruel. São inimizades do passado a serem ressignificadas. Por isso a necessidade de desenvolver o amor com exercícios continuados, porque não é fácil amar um pai cruel. Porém, podemos fazer exercícios para respeitá-lo como o pai que Deus nos proporcionou para nosso aprendizado. Isso não significa aceitar tudo que ele nos faça, pois isso seria autodesrespeito.

Vamos aproveitar a história de Cacilda e sua família para aprofundar, um pouco mais, as reflexões sobre o significado da aceitação.

Normalmente convivemos em família com as dificuldades de nossos familiares, provenientes dos defeitos que todos temos. Não existem famílias perfeitas, com pessoas que não tenham defeitos. Todos nós temos qualidades e defeitos. As qualidades nos aproximam, e os defeitos geram dificuldades no relacionamento, se não soubermos administrá-las.

Os defeitos que trazemos fazem com que, muitas vezes, tenhamos atitudes de agressividade com os nossos familiares. Tanto agredimos, quanto somos agredidos. Por isso é importante saber lidar com isso.

Vamos utilizar uma metáfora que poderemos nos lembrar todas as vezes que nos defrontarmos com um familiar *enfezado*, encolerizado que nos agrida verbalmente, ou com atitudes provocativas.

A palavra *enfezado* vai nos ajudar a memorizar esta metáfora que nos será útil em várias situações, na dinâmica familiar. Essa metáfora é a do **presente alterado, a falsa caixa de bombons.**

Vamos imaginar as atitudes agressivas e provocativas do nosso familiar *enfezado* – cônjuge, filho, filha, pai, mãe, irmãos, etc. – como se fosse aquele familiar querendo nos dar um presente alterado.

Imaginemos esse familiar nos trazendo uma caixa de bombons muito bonita, bem embrulhadinha, com lacinho de fita em cima, bem bonitinha. Só que ele retirou todos os bombons e substituiu por pedaços de fezes. Ele está *enfezado* e quer nos dar fezes, ao invés de bombons.

Quando a pessoa vem para nos entregar, sentimos o cheiro porque, mesmo embrulhada, dá para sentir o cheiro e não aceitamos. De quem é o presente? Dele, não é mesmo? Se não aceitamos o presente, aquela caixa de fezes é da outra pessoa.

É importante saber que não temos o poder de mudar o outro, de impedir que o outro nos dê uma caixa de bombons alterada. Seria muita onipotência de nossa parte achar que temos esse poder. Se o outro está *enfezado*, que poder temos sobre ele? Nenhum. Qual é o poder que temos? Primeiro, não aceitar, pois estamos em um movimento de desenvolver a nossa autoestima, autovalorização e autorrespeito.

Se nos amamos, nos valorizamos, nos respeitamos, não vamos aceitar as agressões que vem do outro, porque não nos pertencem. Se não aceitarmos aquilo que veio do outro, o que vai acontecer? A outra pessoa fica sem ação. Ela pode até querer nos forçar a receber a caixa de bombons alterada, mas mantendo a autoestima, a autovalorização e o autorrespeito, não a recebemos. Ela vai terminar por desistir de vir nos oferecer.

Porém, normalmente o que costumamos fazer? Pegamos a caixa, já sabendo pelo cheiro que ela exala, que aquilo é algo podre, alterado. Abrimos a caixa e dizemos *Onde já se viu fazer isso comigo? Como você pode fazer isso comigo?* Saímos mostrando para os outros, dizendo: *Olha o que fizeram comigo!* Pegamos pedaços das fezes e comemos um pouco, nos lambuzamos, jogamos na cara do outro, para ele ver como é receber pedaços de fezes.

Isso é o que comumente fazemos com as agressões que recebemos, e ao invés de resolvermos o problema, o agravamos, porque nos colocamos como vítimas. Por isso saímos mostrando para todo mundo: *Olha o que me fizeram. Deram-me essa caixa de bombons desse jeito. Onde já se viu? Coitadinho de mim.*

Que significado tem essa metáfora na convivência familiar. O que significa "se lambuzar com as fezes"? É o resultado da invigilância, em que nos colocamos como vítimas: *Eu não mereço isso, não mereço essa família, mas não tem jeito, eu tenho que conviver, mas eu não mereço. Não mereço uma contrariedade dessas. Quantas vezes passei a noite em claro para cuidar dessa menina.* Isso é se "lambuzar com as fezes".

É licito o outro querer dar dezenas e dezenas de caixas de bombons cheias de fezes para nós, ao longo da convivência? Sim, pois ele pode usar mal o seu livre-arbítrio e agir assim, com desamor. Mas o problema é dele, porque se refletirmos bem, o mal que nos fazem não nos atinge verdadeiramente, mas sim, o mal que nós fazemos, pois todo mal que fazemos retorna para nós. Essa é a Lei da Vida, tanto para nós, quanto para os outros.

Por exemplo: se alguém nos manda algo pelo Correio e não recebemos, o que o Correio faz? Manda de volta para o remetente. Imagine recebermos uma coisa do Correio que percebemos estar estragada. É claro que não vamos aceitar. O Correio devolve para o remetente. A vida é assim também. É igual ao Correio. Quando as pessoas tentam nos prejudicar de alguma maneira, seja verbalmente, seja através de atitudes, se não as aceitarmos, não nos contaminaremos com essas atitudes e, por isso, elas não nos afetarão de forma alguma.

Percebamos que esse é o movimento do amor para nós mesmos e para o outro também, porque tem muita gente que diz, por exemplo, *Mas o presente é da minha mãe. Eu tenho que aceitar*. Neste caso, o que essa pessoa está fazendo? Porque o presente alterado foi dado pela sua mãe, ela se torna a vítima e a mãe, o algoz. Ela permite que a mãe seja algoz, pois se torna a vítima. Se ela não aceitar o presente alterado, a mãe também não será algoz, apesar da tentativa, da intenção em ser. Mas ela não consegue, porque a filha não permite. Isso é amor verdadeiro, a obrigação de aceitar é conivência com o erro do outro, é pseudoamor.

O movimento ideal é o de, realmente, assumirmos a verdade. Então, assumir a verdade é assumirmos a libertação e não a escravização em crenças equivocadas. Portanto, se o outro está querendo nos agredir, não devemos permitir, colocando limites na relação.

Isso não significa que tenhamos de agredir o outro também, porque a desforra é o "olho por olho, dente por dente", que só faz mal a ambos. Não vamos permitir que o outro nos agrida, mas não vamos agredir também, fazendo exercícios para permanecer em equilíbrio, não aceitando a agressão, mantendo a nossa harmonia interior.

Então, a pessoa ofereceu a caixa de bombons alterada. Dizemos: *Não aceito, não quero isso para mim.* Em vez de nos fazermos de vítima, nos lambuzarmos com as fezes e mostrar para todo mundo que estamos mal cheirosos, por causa do que o outro nos fez, assumimos o poder de realizar ações de transformação de nossa vida, para melhor.

Quando fazemos isso, nos libertamos. Se agirmos de forma contrária, nos algemamos à culpa, dizendo: *Não é culpa minha o fato de eu estar lambuzado de fezes, a culpa é dele que me deu essa caixa de bombons cheia de fezes.* Fixamos o estado de vítima. Mas, na verdade, estamos sendo vítima de nós mesmos, da nossa escolha. Quem escolheu aceitar o presente alterado fomos nós, o outro apenas ofereceu.

Ao fazermos essa escolha renunciamos ao relacionamento ideal. Como relacionamentos ideais podem ser possíveis em um plancta como o nosso? Não podem. Vivemos em um planeta onde reencarnam espíritos extremamente doentes em todos os sentidos, principalmente no aspecto moral. Cada um de nós traz as próprias mazelas a serem transformadas.

Porém, isso não significa que devamos aceitar um relacionamento desrespeitoso, uma família doentia. É fundamental perceber que, se ainda estamos doentes, a nossa destinação é a saúde. Por isso não vamos ter famílias ideais, relacionamentos perfeitamente saudáveis. Isso não é possível em um planeta como o nosso, no estado evolutivo em que nos encontramos. Contudo, é fundamental que busquemos sempre tornar o relacionamento o mais saudável possível. E o mínimo que podemos dar para um relacionamento saudável é o respeito.

O respeito é um ato de amor, um exercício de amor. *Eu me respeito e eu respeito você, dentro do seu jeito de ser*. Todavia, o respeito coloca limites: *O meu autorrespeito não vai permitir que você me agrida, me violente em qualquer sentido, seja físico, seja emocional.* Esse respeito deve ocorrer em qualquer relação: entre pai e filho, filho e pai, mãe e filho, irmãos, cônjuges, etc.

Realizando esse exercício de amor, estaremos desenvolvendo a saúde relacional, o trabalho de tornar a família cada vez mais saudável e cada vez mais feliz, dentro da relatividade de felicidade possível, em planetas como o nosso. Vamos trabalhando esses exercícios em conjunto, uns com os outros.

É natural que nem sempre consigamos realizar os exercícios de amor. Às vezes erramos e isso é natural em nosso estágio evolutivo. Se não errássemos mais já seríamos perfeitos e teríamos a família perfeita. Só temos a família que temos, porque ainda somos imperfeitos. Quando erramos, podemos nos sentir culpados, como vimos na história de Cacilda. Entramos em um movimento de julgamento, condenação e punição que não vai resolver o problema. A escolha amorosa é sempre aprender com os erros.

Então, para tornar a nossa família saudável, vamos errar muito. Só que ao errar, admitimos o erro, aprendemos com ele para depois repará-lo, quantas vezes forem necessárias.

Portanto, em nossa trajetória na vida familiar, vamos encontrar muitos erros, como estamos analisando ao longo das histórias de vida dessas pessoas neste capítulo. Porém, quando buscamos o acerto em um movimento amoroso, vamos aprender, tanto com os erros, quanto com os acertos. Aliás, muito mais com os erros, do que com os acertos. No nosso nível evolutivo aprendemos muito mais com os erros, porque temos dificuldade em acertar, pois ainda não temos evolução para acertar somente.

Então, tudo isso é amor. A vida se torna cada vez mais leve e suave, como nos afirma Jesus. Mesmo errando, quando aprendemos, o erro se torna leve, suave. Ao contrário, pode ser um grande peso, se entrarmos em consciência de culpa. Se agirmos assim na convivência familiar, ela se tornará muito pesada, mas pode ser cada vez mais suave e leve, se virmos os erros provenientes das dificuldades no relacionamento, de maneira amorosa.

Voltemos à história de Cacilda para refletirmos acerca da criação do antimodelo em relação à mãe, e da projeção do modelo do esposo da mãe, o seu pai, em seu esposo. Isso acontece em razão da assimilação dos padrões de crenças estudados no capítulo anterior.

Cacilda criou o antimodelo de esposa, porque o tempo todo abominava as ações que sua mãe tinha na relação com o seu pai. Ela achava a mãe extremamente passiva e reagia fazendo o oposto. Muitas vezes, até, tomava atitudes que deveriam ser da mãe, na relação com o pai. Ao mesmo tempo criou um modelo de marido extremamente desfavorável, fato que a fazia projetar em seu esposo a figura do pai.

Para que Cacilda possa se libertar, tanto do antimodelo de esposa, quanto do modelo de esposo da mãe, que transfere para o seu marido, é necessário que se conscientize desses movimentos, e se questione se é isso que deseja para a sua vida. Essa atitude vai lhe remeter a um processo de autoconsciência, para que possa criar o próprio modelo de esposa e parar de projetar o modelo do marido da mãe, em seu esposo.

É fundamental que Cacilda faça exercícios para curar a criança ferida que traz em si mesma, bem como suavizar o adulto egoico que modelou, tanto da mãe, quanto do pai.

Para finalizar este capítulo, reflitamos que o conhecimento da verdade tem a função de nos libertar de modelos equivocados que trazemos, muitas vezes, por tradição, como se fossem verdadeiros. Fundamental, portanto, é buscar desenvolver os exercícios de amor com base no conhecimento da verdade.

Para que possamos exercitar o amor é fundamental desconstruir os padrões de desamor e de pseudoamor, e construir novos padrões de amor de uma forma gradual, suave e leve, tornando a relação familiar saudável.

O parâmetro que nos conduzirá sempre vai ser o da suavidade e o da leveza. Se não há suavidade e leveza nessa desconstrução, alguma coisa está errada, pois estamos desconstruindo o desamor e o pseudoamor – que, em si mesmos, são geradores do peso da aflição – e construindo padrões de amor. O amor é suave e leve.

Se em algum momento o movimento que fazemos está sendo de inquietude, não há suavidade, é porque estamos em um movimento equivocado. Muitas vezes queremos construir o amor por decreto, e se quisermos construir o amor por obrigação vamos desenvolver o pseudoamor, que encobre o desamor. Para desconstruir, tanto o desamor, quanto o pseudoamor é necessário aquele processo que estudamos ao longo deste capítulo: ver a intenção positiva do movimento e buscar dar uma direção adequada à intenção positiva.

Então, mesmo que haja situações infelizes em nossa vida familiar, estamos aqui para construir a felicidade. Somos seres imortais e teremos tantas oportunidades quantas forem necessárias para construirmos o amor e a felicidade. Portanto, é fundamental ver a família dentro dessa visão transpessoal se quisermos viver em uma família equilibrada e feliz agora.

Isso acontece raramente em um planeta como o nosso. É possível, mas somente para as famílias de pessoas com afinidade amorosa, o que é raríssimo em nosso planeta. Famílias em que as pessoas são completamente harmônicas, felizes, saudáveis são próprias de mundos felizes.

Por isso teremos tantas oportunidades, quantas forem necessárias para tornar as nossas relações familiares saudáveis e felizes. Se pensarmos assim, isso vai asserenar o nosso coração.

Podemos, no entanto, tomar a decisão de torná-la cada vez mais saudável e relativamente feliz, mas é um exercício gradual, suave e leve. Se não conseguirmos fazer isso totalmente na atual existência, vamos ter outras oportunidades. Porém, é claro que isso não deve justificar uma acomodação do tipo: *Ah! Já que tenho outra existência, então vou deixar para a próxima*. É fundamental fazer todo o possível agora.

Por exemplo, nos casos citados neste capítulo, percebemos relações de inimigos se reencontrando para desenvolver o amor, aprendendo a se amar como irmãos, se cada um se conscientizar em fazer a sua parte e tornar essa inimizade uma relação, no mínimo, neutra, já será um avanço. Às vezes podemos ter uma existência inteira no convívio com aquele familiar, para transformar aquela relação difícil que temos com ele, em uma relação neutra.

Porém, vamos ter outras oportunidades para desenvolver a relação de amor. Se, por exemplo, uma pessoa que tem inimizade conosco, renasce na posição de nosso pai, filho, filha, ou mãe e conseguirmos chegar, pelo menos, em um nível de neutralidade, já será uma vantagem. Se o outro conseguir também, ótimo. Se não conseguir, nós, da nossa parte, já entraremos em uma relação de neutralidade. Em uma próxima situação quando renascermos em uma mesma família, vamos começar a relação da neutralidade, não começaremos mais a da inimizade.

Percebamos que agindo assim já subimos mais um degrau: o da neutralidade, para a amizade. Já vai ser muito mais fácil na próxima existência se começarmos aqui e agora. Porém, se deixarmos todos os problemas para a próxima, eles virão dobrados na existência seguinte.

Conhecereis a verdade e a verdade vos libertará, disse Jesus. As verdades que vimos ao longo deste capítulo, por mais dolorosas que sejam para o nosso ego, são as verdades libertadoras que nos galgarão a patamares mais elevados na grande regeneração do planeta que se avizinha. Por isso, busquemos sempre a verdade, confiantes na libertação que ela nos proporciona, para tornar a nossa vida familiar cada vez mais autêntica e saudável.

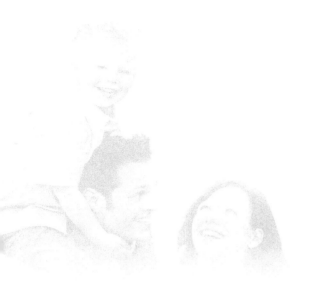

CAPÍTULO 5

Jogos psicológicos familiares

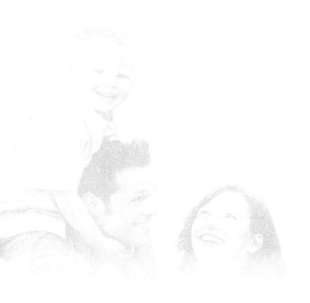

Analisaremos, neste capítulo, os jogos psicológicos da salvação e da martirização. São jogos de dependência psicológica, nos quais a pessoa abre mão de exercitar o poder de realizar ações de transformação da própria vida, único poder real para desenvolver a onipotência e a prepotência, que são sentimentos de poder falso, e também a impotência que é uma falsa ausência de poder.

Os jogos psicológicos são originados das crenças-mito, estudadas nos capítulos anteriores.

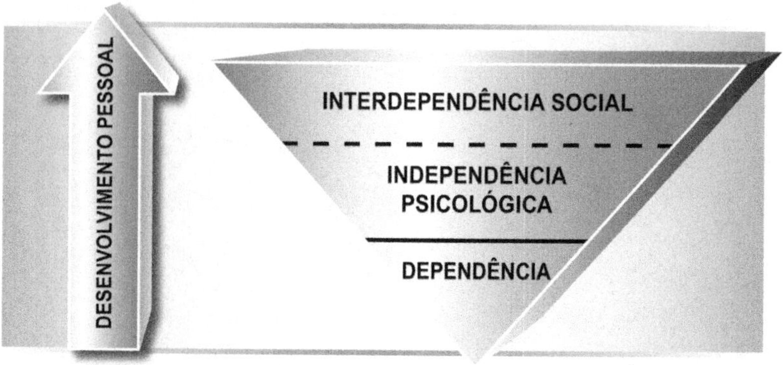

FIG. 3 - O DESENVOLVIMENTO DAS RELAÇÕES HUMANAS

Para compreendermos como acontecem, é fundamental que entendamos como se dá o desenvolvimento das relações humanas, tanto individuais, quanto coletivas. Observemos a *Figura 3*. Nessa pirâmide invertida vemos, no seu ápice invertido, a dependência, na camada intermediária a independência psicológica e na base invertida, a interdependência social. Ao lado da pirâmide temos uma seta mostrando que o desenvolvimento humano evolui da dependência para a independência interdependente.

Na primeira fase do desenvolvimento do ser, temos a dependência. Dependência significa que todo ser humano nasce dependente de outro ser humano. Somos totalmente dependentes até, mais ou menos, os sete anos.

Todo ser humano, ao nascer, tem uma relação de completa dependência dos pais, ou de adultos substitutos. Alguém necessitará cuidar da criança durante toda a primeira infância, senão ela perecerá.

A evolução do ser começa, portanto, pela dependência, que é natural na primeira infância. Na segunda infância já começa a haver o início da independência. A partir dos sete anos, até os doze, existe uma dependência parcial. A criança já consegue fazer muitas coisas sozinhas, mas ainda necessita de alguém para provê-la materialmente. Ela precisa de uma série de recursos materiais e afetivos, que não consegue prover sozinha.

Na adolescência, a partir dos 12 ou 13 anos, a independência irá se acentuar cada vez mais.

Na fase da adolescência a pessoa pode até se tornar independente financeiramente dos pais, fazer pequenos serviços e se manter. Há uma independência relativa, mas ainda continuará dependente afetivamente e, na maioria das vezes, financeiramente.

O adolescente tem tendência a contrapor os limites, pela necessidade de adquirir a independência. Esse movimento do adolescente irá construir a sua autoconfiança, geradora da independência.

Na vida adulta, a dependência deverá ser transformada, totalmente, em independência psicológica. Essa independência psicológica deverá ser sempre interdependente. A interdependência social é fundamental, porque nenhum ser humano é uma ilha. Como pessoas, deveremos ter a nossa independência psicológica e interdependência social.

Em sociedade estabelecemos relações sociais, não só afetivas, mas econômicas, financeiras, de serviço. Nenhum de nós, por exemplo, planta o algodão que confecciona a própria roupa. Não plantamos, não colhemos, não transportamos para a indústria, não confeccionamos o fio e depois o tecido. Depois tem o estilista que confeccionou o molde, os operários da confecção, etc. Dezenas de pessoas nos prestando serviço para a confecção de uma simples roupa. A mesma coisa acontece com relação aos alimentos que comemos e outros serviços. Isso constitui a interdependência social.

Portanto, vivemos em uma grande rede interdependente. O que faço, outra pessoa não faz. O que o outro faz, não faço e assim multiplicamos essa interdependência social, extremamente salutar.

Quanto mais independente psicologicamente for uma pessoa, mais interdependente ela será, porque é uma pessoa que vai ampliando as suas relações com o mundo, e vai se tornando cada vez mais saudável. Quanto mais interdependentes formos socialmente, mais equilibrados seremos.

Independência psicológica significa sermos donos do nosso destino. É sermos dependentes de nós mesmos, para sermos quem somos. Isso significa não depender de ninguém no sentido psicológico, apenas do ponto de vista social. Há interdependência social natural. Por exemplo, raramente plantamos os alimentos que comemos. Porém se for necessário, por sermos independentes psicologicamente, se não houver ninguém para fazê-lo, daremos um jeito e o faremos.

Imaginando uma situação hipotética, a título de exemplo. Acontece um naufrágio, em que pessoas independentes e dependentes acabam perdidas em uma ilha deserta. A pessoa independente psicologicamente consegue se virar e sobreviver caçando, pescando, construindo um abrigo. A pessoa dependente senta na praia, chora e morre de fome. Morre de fome porque acha que não consegue sobreviver sozinha. O adulto dependente sempre acha que precisa de alguém para prover a sua vida.

Uma questão importante acerca deste tema é que muitas pessoas confundem a independência psicológica com a indiferença social. O indiferente socialmente não respeita os limites e passa por cima dos outros. Quanto mais independente psicologicamente for uma pessoa, mais ela respeitará os limites sociais. A pessoa que não respeita os limites é uma pessoa indiferente psicológica e socialmente. É uma pessoa que tem uma doença, a sociopatia, em razão do egoísmo e do egocentrismo.

Quanto mais uma pessoa sociopata aprofunda na psicopatia da indiferença, mais desrespeito ao outro ela cultivará. Nesse caso, há indiferença ao direito do outro. É um movimento extremamente egoico, negativo.

A independência psicológica é um movimento altruístico, em que a pessoa diz: *Eu não preciso de ninguém para viver, mas eu gosto de viver com as pessoas.* Ela não precisa, psicologicamente, de ninguém. Não é dependente, por exemplo, de afetividade. O amor que ela se dá, lhe basta, mas gosta de compartilhar esse amor – que ela se dá – com outras pessoas. Então, quanto mais independente, quanto mais amorosa for a pessoa, mais interdependente ela será, ela terá tanto amor dentro de si, que irá multiplicar esse sentimento.

A independência psicológica começa a ser construída na própria infância, através da forma como o pai e a mãe agem com a criança. Se os pais agem naturalmente com ela, estimulando-a gradativamente a se tornar independente, a criança vai construindo, pouco a pouco, a sua independência, que se acentuará na adolescência, gerando um adulto independente. Ao contrário, se eles agem como se ela fosse uma incapaz – salvo se ela realmente o for – vai tornar patológico o desenvolvimento dessa criança.

Portanto, um pai e uma mãe mártires, superprotetores vão manter a dependência psicológica, inclusive durante toda a segunda infância, adolescência e, às vezes, até na vida adulta, conforme veremos a seguir.

Por isso existem muitos adultos que continuam dependentes. E o desenvolvimento, ao invés de ser normal é patológico.

O ser humano adulto necessita ser independente. Ser uma pessoa que não dependa de outra para viver. Não estamos falando de condições financeiras. Às vezes, por exemplo, uma esposa que só trabalha dentro de casa é dependente financeiramente do seu esposo. Isso é normal. Se ela for independente psicologicamente e o marido vier a faltar, por morte ou separação, ela consegue se manter, apesar da falta do companheiro.

Porém, se ela for dependente psicologicamente do seu esposo vai gerar uma relação doentia com ele, muito perturbadora para o casal e para a família. Por causa da dependência financeira, muitas esposas se tornam dependentes psicologicamente e até se sentem inferiores aos maridos. A situação inversa também pode ocorrer. Esposos dependentes financeiramente da esposa, que se tornam dependentes psicologicamente, com grandes complexos de inferioridade.

É fundamental aprender a viver sozinho, mas não em solidão. Sozinho no sentido de que cultivar a independência psicológica é uma necessidade evolutiva não solitária, porque existe interdependência social muito importante na vida. Muitas pessoas, a pretexto de viverem sozinhas, autossuficientes, se isolam do mundo. Isso não tem nada a ver com a independência. Nós não dependemos de ninguém para viver, mas gostamos de viver em sociedade, em conjunto, em família, porque senão, entraremos em uma postura egoísta.

É importante sermos autossuficientes psicologicamente e interdependentes socialmente. É assim uma pessoa saudável. O adulto saudável é uma pessoa independente psicologicamente. Ela pode viver sozinha, mas gosta de viver acompanhada, em família, com amigos, em sociedade. Porém não sofre se ficar sozinha. Ela está bem sozinha e está bem acompanhada. É a pessoa independente psicologicamente e interdependente socialmente.

Quando só conseguimos viver junto com outras pessoas nos tornamos dependentes psicologicamente, e isso é uma grande doença. A pessoa dependente psicologicamente é aquela que, se não tiver uma outra não vive. Fazendo uma analogia: é como se ela andasse *encostada* na outra. Se a outra sair de perto, ela desmorona. Muitos de nós vivemos assim – seja de um cônjuge, de um filho, de um amigo – dependentes de pessoas que não são eternas na nossa vida. Podemos viver assim? Podemos. Mas, não é o melhor para nós.

Por isso os jogos psicológicos da **salvação** e da **martirização** são tão nocivos, porque são jogos que causam dependência psicológica. Esses jogos geram codependências: *Eu dependo de você, você depende de mim.* Existem pessoas que são dependentes, porque são salvadores dos outros, e outros são dependentes, porque são salvos pelo outro. São dependentes um do outro.

A dependência fará com que a interdependência social seja disfuncional. A pessoa passa a ser dependente da outra, e não interdependente. Há uma diferença entre a dependência e a interdependência. A interdependência é sempre independente psicologicamente.

A independência leva a pessoa a este movimento: *Eu não preciso do outro, mas eu gosto de estar com o outro.* A dependência leva a este: *Eu necessito do outro, se eu ficar sem o outro eu não conseguirei viver.*

Vimos no início do capítulo que os jogos psicológicos são de poder. São jogos extremamente doentios, que perturbam todas as relações humanas, especialmente a relação familiar. Na verdade são jogos de pseudopoder, nos quais estão presentes a **onipotência**, a **prepotência** e a **impotência**.

A **onipotência** é um movimento em que a pessoa pensa que tem um superpoder. Em família dará origem ao superpai, à supermãe, ao superirmão, à superirmã, ao superfilho, etc.

A pessoa acha que tem poder maior que o normal, por isso tem uma tendência em querer fazer as escolhas e viver a vida pelo outro, evitando que a outra pessoa passe pelas experiências, muitas vezes, necessárias ao seu próprio crescimento. Ela interfere na vida do outro, ao invés de colaborar com ele.

Por exemplo, a pessoa quer uma coisa e aí vem a onipotente e diz: *Não, o que você quer não tem nada a ver. Você tem que fazer isso e aquilo...* Há sempre uma interferência na vida da outra.

A **onipotência** sempre anda junto com a **prepotência,** que é o poder de coerção, em que se usa a força sobre o outro, que é subjugado.

A onipotência é o movimento em que a pessoa pensa da seguinte forma: *Eu sou melhor. Eu penso melhor. Eu sei. Você não sabe.* Por isso só é possível exercermos a onipotência através da prepotência, em que coagimos o outro a se curvar ao nosso poder, seja através de uma coerção física, ou mental.

Às vezes fazemos isso com argumentos, demovendo o outro do que ele pensa, para fazer prevalecer aquilo que pensamos. Usa-se a força mental para coagir o outro. Outras vezes usa-se a força física para submetê-lo. Porém, sempre existe um dominador e um dominado.

A pessoa idealiza-se superior aos outros, e por isso subjuga. Força a submissão da outra, que ela pensa ser inferior. Faz com que a outra pessoa mude sua maneira de ser para atender às suas vontades. Há um movimento em que o que importa é a vontade do onipotente/prepotente, e não a vontade do outro.

Todo movimento de onipotência e de prepotência, cedo ou tarde, gerará a **impotência**, porque não é possível, verdadeiramente, subjugar o outro, pois fomos criados por Deus para sermos livres. Deus nos dotou do livre-arbítrio que não pode ser cerceado indefinidamente, apenas temporariamente. Por isso, chega um momento em que toda pessoa onipotente e prepotente se sente impotente, incapaz, porque, tanto um, quanto outro, não é um poder real. A pessoa pensa que tem poder sobre as escolhas do outro, mas não tem. Quando ela percebe isso, consciente ou subconscientemente, sente a impotência.

O que caracteriza a **impotência** é uma suposta incapacidade de exercer o poder, porque a pessoa acreditava que tinha um superpoder – o de mudar o outro – mas, como esse poder não é real, ela começa a achar que não é capaz de exercer poder algum. Ela se julga incapaz de qualquer atividade que possa atuar na vida do outro. A pessoa pensa: *Eu não posso nada, eu não consigo nada, eu não dou conta de nada. Tudo que eu proponho, ninguém obedece. Ninguém isso, ninguém aquilo...*

A impotência sempre acontece após uma tentativa frustrada de onipotência e/ou prepotência. A partir da frustração gerada pela tentativa de onipotência e de prepotência surge a impotência.

O equilíbrio é o poder real. Cada um de nós tem um único poder: o de realizar ações de transformação de nossa própria vida. Essas ações não irão gerar a transformação dos outros, mas poderão colaborar para que os outros se transformem.

Estudemos, agora, os jogos psicológicos da salvação e da martirização no ambiente familiar. Esses jogos são semelhantes a um jogo de tênis. Só existem porque há, no mínimo, duas pessoas a jogar.

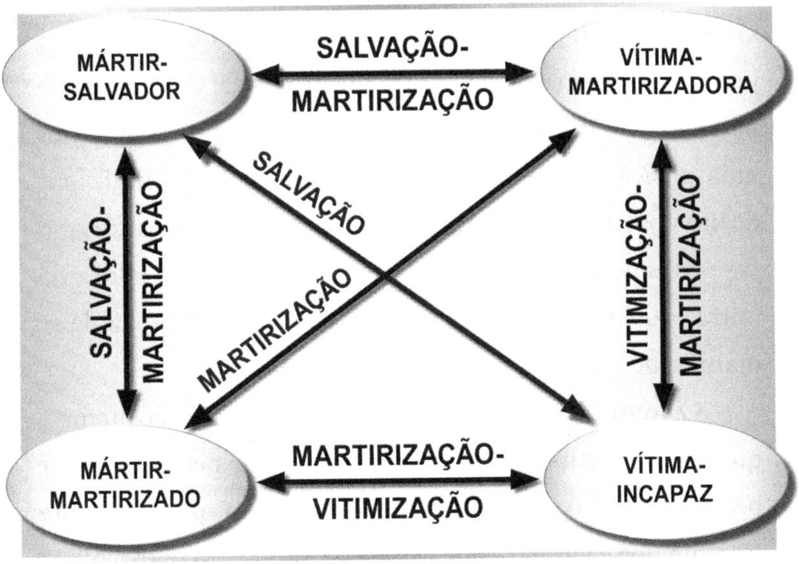

FIG. 4 - JOGOS PSICOLÓGICOS

Observemos a *Figura 4*. Ela retrata os jogos psicológicos com todas as posições dos jogadores. Esses jogos podem existir em todas as relações sociais. Analisaremos como esses jogos tornam as relações familiares patológicas.

O jogo sempre começa na posição do mártir-salvador assumindo uma postura de salvador do outro – graças ao sentimento de onipotência – que o leva a acreditar, a partir dos padrões familiares herdados, que tem obrigação de salvar o outro, que ele acredita, consciente ou subconscientemente, ser uma vítima-incapaz. É o jogo da **salvação.**

Porém, ninguém é, verdadeiramente, uma vítima-incapaz, salvo se a pessoa tiver uma deficiência física, ou mental que a impeça de se manter. Mas, essa pessoa também não é uma vítima. É um incapaz momentaneamente e que precisa ser provido por outra pessoa, ou pela sociedade. Contudo, esse não é o caso que temos nos jogos, porque não assumimos uma posição de mártir-salvador de um débil mental, mas de uma pessoa inteligente, uma pessoa lúcida, que sabe agir.

Mesmo assim, a pessoa assume postura salvadora da outra, que acredita ser uma vítima-incapaz. Incapaz de se manter, de resolver a sua vida por si mesma.

O jogo da salvação vai funcionar de forma intensa, quando o mártir-salvador encontra um par perfeito. O par perfeito, para o mártir-salvador é a pessoa que realmente acredita que é vítima, e que tem de ser salva pelo outro. Neste caso, o jogo da salvação, às vezes, persiste a vida inteira, um salvando, e o outro sendo salvo. Por exemplo, um esposo mártir-salvador com uma esposa vítima-incapaz. Podem viver a vida inteira em um casamento em que um domina e outro é dominado, e acreditarem que esse casamento é perfeito, pois, aparentemente, não há conflitos quando um se autoanula para o outro dominar.

Na verdade, criam-se atrofias psicológicas na vítima e o mártir-salvador acha que está construindo o "reino dos céus" para si mesmo, agindo como salvador do outro.

Porém, raramente acontece a formação do par perfeito entre o mártir-salvador e a vítima-incapaz. Porque a vítima não é, verdadeiramente, incapaz e por isso, ao invés de ficar na posição da vítima-incapaz, ao perceber as atitudes do mártir-salvador – consciente ou subconscientemente – vai para a posição da vítima-martirizadora, estabelecendo um novo jogo, que é o da martirização, que veremos posteriormente.

Analisemos primeiro as características do *jogo da salvação.*

A relação originada pelo jogo da salvação é de dependência. O mártir-salvador é o que tem a experiência de vida, o que sabe tudo. É o que tem todas as condições para salvar a vítima-incapaz. É o onipotente que irá salvar o impotente. O que vai caracterizar a vítima-incapaz é a impotência: *Eu não sou capaz, eu não dou conta, eu não consigo. Eu preciso de alguém que faça por mim, que seja capaz, que dê conta.* Aí entra em cena o *supercapaz*, o *supermártir*, salvador dos fracos e oprimidos.

Porém, existem, realmente, pessoas onipotentes? Existem, realmente, pessoas incapazes que são vítimas do mundo? Não. Só existem na nossa imaginação doentia, por isso nos colocamos na posição de salvadores.

A atitude do mártir-salvador é motivada pelo sentimento de culpa, que pode ser consciente, ou subconsciente. Consciente, quando ele fez algo no passado recente e tenta se reabilitar, assumindo uma postura de salvador da pretensa vítima. Subconsciente, quando a pessoa traz do passado remoto a culpa, porque nesse passado aquela pessoa que se tornou o mártir-salvador fez alguma coisa que prejudicou a pretensa vítima de hoje, ou outras pessoas, gerando uma ansiedade de consciência, que ela tenta suprir pela salvação.

Portanto, o jogo da salvação surge da culpa de ter sido cruel ou indiferente, no passado, com a pretensa vítima de hoje. Crueldade é qualquer ação que fere outra pessoa, de alguma maneira. Existem diferentes graus do mesmo sentimento. Muitas vezes achamos que crueldade é só quando castigamos, damos uma surra, ou ofendemos uma pessoa violentamente. Por exemplo, ao falarmos uma verdade, jogando na cara da pessoa ou um *não* de uma forma agressiva, estamos praticando um ato de crueldade naquele momento. A própria indiferença é uma forma menos intensa de crueldade.

Para entender profundamente o jogo da salvação, somente tendo uma visão reencarnacionista da vida.

Por que achamos que o outro é uma vítima-incapaz? Porque no passado vitimamos aquela pessoa. Existe uma culpa que pode ser consciente, ou subconsciente. Se a pessoa for reencarnacionista isso ficará muito claro.

Caso a pessoa não tenha noções de reencarnação, mesmo assim ela se sente responsável pelo outro, pelas injustiças sociais, etc. Ela se sente, inconscientemente, na obrigação de salvar o outro, de recompensar o outro pelos erros praticados no passado, mesmo sem se dar conta disso, objetivamente.

O mártir-salvador se sente responsável porque foi cruel, ou indiferente, no passado com a vítima, ou com as vítimas. Esse movimento pode ser com mais de uma pessoa. Os sentimentos ficam ocultos sob a máscara do bom-moço, ou da boa-moça, salvadores. A pessoa reprime os sentimentos originais, gerando obrigação de fazer diferente daquilo que fez no passado. Por isso entra no jogo da salvação.

Esse jogo é ocasionado pela intenção positiva de reparar os equívocos passados, que é mal direcionada. *Se eu fiz mal no passado, agora eu vou fazer o bem*. O problema é como esse bem está sendo feito. Ele está acontecendo a partir desse jogo de dominador/dominado. Não é bem, é pseudobem. Estão presentes nesse jogo, a onipotência e a prepotência do mártir-salvador, e a impotência da vítima. Há, por parte do mártir, um sentimento de superioridade que esconde a inferioridade que traz em si mesmo.

Por isso assume um movimento de obrigação de salvar o outro: *É um coitado! Se eu não fizer alguma coisa, ele vai perecer. Se eu não fizer isso, ou aquilo, das tripas o coração para dar conta disso, vai todo mundo perecer*.

Há uma obrigação de salvar o outro. Salvar financeiramente, afetivamente, etc., em quaisquer dificuldades que a pessoa venha a ter. Por exemplo, o *mártir-salvador-financeiro* da família. Precisou de qualquer quantia é só chegar e dizer: *Empresta tanto*. Ele diz: *Ah! Claro*. Ele é o bonzinho, porque se sente na obrigação de salvar financeiramente os outros. Em qualquer dificuldade vai lá o mártir-salvador cobrir as dificuldades financeiras da família.

A pessoa entra em dificuldades causadas, muitas vezes, pela sua própria incúria e o mártir-salvador vai resolver os problemas para o outro. *Coitado, ele não é capaz de resolver*.

Eu vou resolver. Ele vai e resolve tudo. O que vai acontecer? A pretensa vítima aprende? Não, se foi o outro quem a salvou, resolveu o seu problema. Pouco tempo depois ela estará com o mesmo problema. Aí o mártir-salvador volta a resolver. Está sempre salvando de apuros financeiros, psicológicos, emocionais, de todos os apuros que o outro tenha.

É um jogo de dominador/dominado, apesar das boas intenções. Por que é um jogo de dominador/dominado? O mártir-salvador não quer ajudar? Sim, porém a forma como ele quer ajudar é que se constitui no problema. O que está na intimidade do mártir-salvador que ele, às vezes, não se dá ou não quer se dar conta? Orgulho, vaidade, manipulação. Ele manipula por ser o bom-moço, a boa-moça que está sempre resolvendo problemas para os outros.

É um jogo que gera dependência psicológica. *Eu sou o salvador e você é a vítima. Você depende de mim. Eu dependo de você, porque sem você, como eu serei 'bom'? Como que eu serei 'bom', se eu não tiver uma vítima para que eu possa amparar?* Há uma codependência, um depende do outro. Enquanto houver o jogo, as coisas funcionam de uma maneira disfuncional, patológica.

O que vai acontecer com as vítimas socorridas por ele? Elas vão elogiá-lo, aplaudi-lo. Esse é o grande ganho secundário do mártir-salvador, fato que alimenta o jogo. É o "salvador da pátria". Então todo mundo bajula, trata bem. Por exemplo, todo mundo sempre "pisa em ovos" para não desagradar o "banco" da família, porque se desagradar ele pode fechar o caixa-forte.

Na verdade ele não é amado, é usado, por isso é um jogo. Ele usa a suposta vítima para se livrar da sua ansiedade de consciência. E a vítima o usa para suprir as suas necessidades. Enquanto estiverem jogando, tudo fica aparentemente bem. Se o mártir-salvador para de jogar, todos os que estavam em volta dele elogiando, bajulando somem, porque não o amavam, apenas o usavam, e ainda começarão a dizer que ele agora ficou mau. Apesar que, ao parar de jogar, ele poderá começar a desenvolver a bondade real.

Portanto, em um nível profundo, o que movimenta o mártir-salvador é uma baixa autoestima. Ele sofre uma autorrejeição, uma dificuldade de autoaceitação muito grande e, para que ele possa anestesiar essa dificuldade que é dele, busca ser aceito pelos outros.

Por isso o mártir-salvador é o bom-moço – ou a boa--moça – de quem todo mundo gosta. Às vezes, é aquela pessoa que tem grande carisma, pois está sempre agradando. Tudo isso para esconder uma série de sentimentos negativos que traz em si mesma, como a baixa autoestima, falta de autoaceitação, insegurança, fruto de uma culpa que não está transformando, está simplesmente mascarando.

Esse mascaramento faz com que o mártir-salvador entre nesse jogo de dominador/dominado. Ele é o dominador pela "bondade". O domínio é feito por essa pseudobondade. Porque na bondade real não existe o jogo de dominador/dominado. Quando existe alguém que está dominando, e alguém que é dominado, porque também é satisfatório, a bondade passa longe desse jogo.

Há uma díade, por isso o jogo é satisfatório, tanto para o dominador, quanto para o dominado. É um jogo do tipo *Me engana que eu gosto*. Enquanto estiverem jogando, tudo fica "bem".

O mártir-salvador está sempre orientando, dando lições do que o outro deve fazer, ou não. Está sempre dando lição de moral. *Faça assim, faça assado, se eu fosse você faria assim...*

A salvação é, portanto, o movimento em que o jogador age como se a outra pessoa não soubesse se conduzir. Por isso o mártir-salvador necessita conduzir a vida dela. Ele acredita que pode fazer as escolhas pela outra, como se a outra pessoa fosse uma incapaz. Tem uma intenção positiva que é realizar o bem. O mártir-salvador quer realizar o bem, quer realmente ser útil, porém está muito mal direcionado. Por quê? Porque não se ajuda, verdadeiramente, se martirizando, se tornando responsável pelos outros porque, na verdade, isso é uma pseudorresponsabilidade.

A forma como está se conduzindo para a reabilitação está equivocada, porque é uma forma que gera dependência.

Usando uma analogia: é como se o mártir-salvador dissesse – sem palavras, com as suas atitudes – que o outro pode se pendurar nas costas dele, que ele carrega. Isso impedirá o outro de andar com as próprias pernas. Então, se fizer um movimento desse tipo, o que vai acontecer? Primeiro, não vai aguentar carregar por muito tempo. A pessoa que está fazendo isso não vai aguentar o peso. Segundo, ao fazer isso, as pernas do outro atrofiam. Para o outro, em um primeiro momento vai ser cômodo, pois não precisará fazer esforço algum, mas depois que as pernas estiverem atrofiadas, e o mártir-salvador se cansar de carregá-lo, é que as dificuldades ficarão superlativas.

Existem muitas pessoas que passam a vida inteira nesse jogo. Se, por exemplo, forem marido e mulher a jogar, em que um é o mártir-salvador e o outro a vítima-incapaz vai gerar um casamento, aparentemente, maravilhoso. Um se anula e o outro tiraniza. Mas, como existe a díade perfeita, tudo fica "bem", porque estão realizando o jogo. Porém, se um para de jogar, aquela aparente paz gera conflito intenso. Existem muitas separações, hoje em dia, após 30, 40, 50 anos de casados porque um para de jogar. Aquela acomodação que havia desaparece.

Contudo, não existe o mártir-salvador sem a vítima-incapaz. O ganho secundário da vítima é a acomodação na sua pretensa incapacidade de resolver problemas, por isso é cômodo para ela ser dominada.

Estudemos as características da vítima, o outro jogador. Há um sentimento de inferioridade. Percebamos que há uma correspondência entre o mártir-salvador com a vítima-incapaz. Os dois se sentem inferiores. Só que o mártir-salvador disfarça com o sentimento de superioridade e a vítima não disfarça. Ela diz: *Eu não sou capaz, preciso que alguém faça por mim.*

A vítima-incapaz tem uma enorme capacidade para perceber os problemas e uma suposta incapacidade para buscar a solução deles. Por que ela não percebe a solução?

Porque ela precisa de alguém para solucionar por ela. Então, ela vai buscar a solução? Ela vai aprender com os problemas? Não, enquanto tiver alguém a salvando dos apuros nos quais se mete.

Percebamos o quão nocivo é o jogo da salvação, porque a vítima nunca irá buscar as soluções para os seus problemas, enquanto houver alguém solucionando para ela.

Portanto, o movimento mais peculiar que a vítima-incapaz tem é de focar o problema e não a solução. Ela se vê como incapaz, *Eu não sou capaz. Se eu não sou capaz, alguém terá que ser capaz por mim.* Aí entra em cena o supermártir, que vem e resolve, totalmente, o problema dela até o próximo, e o próximo, e o próximo...

Existem famílias extremamente doentes psicologicamente, nas quais esse jogo de codependência impera. As relações são tão doentias, que alguém sempre está na posição de vítima-incapaz e alguém na de mártir-salvador. Ficam em uma transação entre mártir e vítima. Sempre alguém salvando, e alguém sendo salvo por alguém.

A vítima-incapaz sempre transfere o problema para o mártir. Se ela não busca a solução, claro que o problema será do mártir.

Culpa os outros pelas suas dificuldades. Não assume responsabilidade sobre sua vida. Essa é outra característica bem marcante da vítima-incapaz. *Mas, como eu vou solucionar, não fui eu que fiz. Não sou capaz, coitadinho de mim. O mundo cruel está contra mim.* Está sempre em um movimento de culpar os outros. Quando ela não tem alguém para culpar, culpa a sociedade, culpa até Deus.

O mártir-salvador acha ótimo isso, porque se a pessoa não assume a responsabilidade, ele vai lá e assume por ela.

Outra característica básica da vítima-incapaz é manipular os sentimentos dos outros, através do seu sofrimento. Quanto mais ela sofre, mais manipula os mártires-salvadores do mundo. O mártir-salvador aguenta ver o sofrimento de alguém? Não. A coisa que mais dói no mártir-salvador é o sofrimento de alguém. Quanto mais sofrimento no mundo, mais ele sofre. A vítima sabe muito bem manipular porque, quanto mais ela se queixa, mais vai encontrar quem a salve.

A vítima-incapaz não assume as suas limitações. Transforma dificuldades em conflitos insolúveis. Sofrem e gostam de fazer os outros sofrerem com os seus sofrimentos. Quando acham um mártir-salvador, que também adora sofrer com o sofrimento dos outros, unem a "fome com a vontade de comer". Quando o outro mantém essa posição formam o par "perfeito".

Portanto, a vítima sabe muito bem disso e manipula o sentimento do mártir. Como o mártir-salvador não aguenta ver ninguém sofrendo – e a vítima é sofredora por excelência – para acabar com o sofrimento dele, vai lá e resolve o problema da vítima, em um movimento de pseudoamor. Por que é pseudoamor? Porque parece que ele está ajudando o outro, mas na verdade não está. Ele está tentando ajudar a ele mesmo, por meio do outro. Ele quer acabar com o sofrimento dele, causado pela sua ansiedade de consciência, por meio do outro.

Então, o movimento do mártir-salvador é de dó, de muita pena do outro. *Coitado... Eu tenho que resolver.* O mártir-salvador sempre terá dó das vítimas-incapazes.

Estudemos, a seguir, um exemplo de uma relação em que tanto o pai, quanto a mãe assumiram a posição de mártires-salvadores de um filho que sempre foi visto, por eles, como uma vítima-incapaz.

Romeu e Julieta têm um único filho, Asdrúbal de 20 anos. Apesar de terem um filho inteligente e capaz, sempre o trataram como incapaz de resolver as menores dificuldades do dia-a-dia. Se ele tivesse um problema na escola, lá iam os pais para solucionar o problema para ele. Estavam sempre se indispondo com os diretores, professores dos colégios, por causa do filho. Na adolescência de Asdrúbal, até com as suas dificuldades naturais com amigos eles se intrometiam. Aos 18 anos deram um carro para o filho. Por várias vezes o pai teve de sair de casa para resolver problemas de acidentes causados pelo jovem.

Vejamos que é um típico caso de jogo de salvação. O pai e a mãe se colocam como mártires-salvadores do filho – que é superprotegido – e por causa disso torna-se emocionalmente incapaz, mas não por deficiência e sim pela superproteção.

O jogo da salvação, realizado por Romeu e Julieta, gera a conivência com os erros do filho.

Nesse tipo de jogo, usado por muitos pais e mães, o filho é sempre o coitadinho. Quando os filhos são crianças, ou adolescentes, e têm problemas na escola: *Não é meu filho, é o professor que é problemático. É o professor que não sabe dar aula.* O filho cresce e começa a ter problemas na rua: *O problema não é meu filho. O problema é o filho daquela outra que é mau elemento e leva meu filho para o mau caminho.* O problema está sempre nos outros. Por isso, o mártir-salvador age muito com a conivência.

O filho é o queridinho do papai, o queridinho da mamãe. Essa superproteção que os pais assumem, muitas vezes gera a perda do filho, pois lhe deforma o caráter. Ao invés de assumirem a posição de colaboradores de Deus tornam-se corresponsáveis, de uma forma muito profunda, com os desvios do filho, porque agem com conivência e leniência, com pseudoamor.

Essa atitude não educa, promovendo o filho. Não é um trabalho educativo transformador, é um processo entre dominador e dominado. O filho não é estimulado a crescer. Ele é cercado de muita atenção, não com o objetivo de recuperá-lo para a vida, mas de torná-lo cada vez mais vítima.

Quando assumimos uma posição de equilíbrio, educadora, o filho não é visto como uma vítima-incapaz. É uma pessoa que traz dificuldades para resolver os seus problemas. Requer atenção para que supere as dificuldades, e não para que ele seja o problemático, necessitando que alguém resolva os problemas que cria.

O movimento do pai ou da mãe mártires-salvadores é o de estar sempre resolvendo o problema do filho "vítima-incapaz". Esse não é um processo educativo, é deseducativo, pois deforma o caráter. Todo jogo psicológico deforma o caráter das pessoas, ao invés de formá-lo.

Uma relação de martírio-salvador, tanto da mãe, quanto do pai deforma o caráter do filho. Não é um processo equilibrado de educação para que estimule o filho a crescer. Muito pelo contrário. Estão sempre resolvendo os problemas dele. Ele cria um problema, o pai vai lá e resolve. Ele cria outro problema, a mãe vai lá e resolve. Se ele sempre tem alguém para resolver seus problemas, ele vai crescer? Não vai.

Quando o pai e a mãe entenderem que o processo não é de martírio-salvador, mas de educação, mudarão de atitude. Se ele passa por uma dificuldade, o pai e a mãe vão deixá-lo passar pelo problema. *Ah, mas ele vai sofrer*. Os pais podem ser solidários no sofrimento, mas é necessário que eles deixem que o filho sofra. Porque o caminho do sofrimento escolhido pelo filho é um processo reeducativo. Porém, se os pais livram sempre o filho das situações difíceis que cria, ele sempre as repetirá, pois não sofre as consequências das suas ações.

Usemos uma metáfora comparativa. Imaginemos uma criança de três anos que, como é óbvio, morre de medo de injeção. Essa criança pega uma pneumonia dupla, ou uma meningite, e precisa tomar um antibiótico injetável, muito doloroso. É claro que a criança, na hora que vê aquela seringa com a agulha, começa a espernear, chorar e gritar. A mãe mártir-salvadora falaria isto: *Coitadinho do meu filho. Dá aqui no meu braço, porque vai doer demais no dele.* O médico ou a enfermeira que estivesse aplicando falaria: *A senhora está maluca!*. Alguém faz isso? É claro que não, porque para salvar a vida do corpo físico do filho a mãe o segura, ou ajuda a segurar. Um pega nas pernas, outro pega nos braços e dá a injeção à força.

Porém, quando se trata de questões espirituais mais profundas que formam ou deformam o caráter do filho, o pai e a mãe querem "tomar a injeção" por ele. O pai ou a mãe diz: *Dá aqui no meu braço porque, coitadinho dele, ele vai sofrer demais.* Esse é o movimento da salvação. É o "coitadinho". Então, o pai vai lá e resolve o problema do filho. O "coitadinho" fez alguma coisa, teve uma atitude displicente em relação às próprias questões, e lá estão o pai e a mãe, sempre resolvendo o problema dele.

Será que realmente o filho é um coitado, uma vítima-incapaz de resolver os próprios problemas? Como vimos, há intenção positiva nesse movimento, muito mal direcionada, movida pela ansiedade de consciência de terem sido negligentes, no passado, com o irmão em humanidade, hoje como filho. Saem do extremo do desamor, para o extremo do pseudoamor.

A nossa cultura é muito baseada em movimentos extremistas. Em um dado momento agimos com indiferença e crueldade, em outro com sentimentalismo. Ou vemos o outro com indiferença: *Não tenho nada a ver com isso.*

Ou vemos o outro como coitado e temos dó da pessoa, e tentamos resolver o problema dele.

Entre esses dois extremos existe o equilíbrio. O equilíbrio é a compaixão. O que é a compaixão? Compaixão é solidariedade. É compartilhar da dor do outro. Compartilhar é ser solidário. É estar ali ao lado do outro, solidário com a dor dele, transmitindo forças para que ele supere a dor, realmente ajudando.

Porém, não significa querer sentir a dor pelo outro, querer passar pelas experiências que serão benéficas para o outro. Isso é ter dó, pena. Apesar de essas palavras serem sinônimas do vocábulo compaixão, em português, têm significados psicológicos diferentes. Quando sentimos dó, pena, é um sentimento pseudopositivo. Nesse sentimento há aquilo que chamamos de "prurido" interno. É uma espécie de inquietude, uma sensação de mal-estar, que nos leva a querer acabar com o sofrimento do outro, não por causa do outro, verdadeiramente, mas porque o problema do outro nos gera sofrimento. Então, na verdade, queremos acabar com o nosso sofrimento.

A pena, portanto, faz com que entremos nem um movimento de inquietude, de perturbação com o sofrimento do outro. Usando uma metáfora comparativa: é semelhante a um médico ou a uma enfermeira, em um hospital, onde houvesse uma pessoa sofrendo, chorando e o médico ou a enfermeira, sentasse junto da pessoa e começasse a chorar também: *Ah, que sofrimento, coitadinho* e não tomasse providência alguma. Estaria sofrendo junto. Serão dois sofredores, não resolvendo nada. Porém, o médico ou a enfermeira, como muitos fazem, podem ir para a indiferença com a intenção positiva, mal direcionada, de se proteger do sofrimento.

Todavia, o que a Vida convida é ao sentimento de compaixão. Ela convida a sentirmos, a nos solidarizar com a dor do outro. Para isso é necessário refletir acerca de qual seja a melhor maneira de ajudar. Quando nos *desidentificamos* da dor do outro, entramos em um movimento de ajuda real. Isso é compaixão. Primeiramente, é preciso se *desidentificar*, pois sabemos que a dor – causada pelos problemas que o outro criou para si mesmo – é necessária ao seu processo educativo, como espírito imortal. É como a injeção do antibiótico que vai salvar a vida dele.

No caso de Romeu e Julieta, quando o filho fizer algo em razão do qual sofrerá as consequências, eles podem estar ali junto a ele, solidarizando-se com as suas dificuldades, mas não devem impedir que as consequências aconteçam, pois isso seria impedir o aprendizado do filho, como sempre fizeram.

Quando sentimos dó do "coitadinho", queremos impedir as consequências. Queremos resolver o problema do outro e isso gera inquietude, angústia, porque, apesar da intenção positiva de ajudar, estamos mal direcionados, indo contra os princípios amorosos da vida. O pai e a mãe que agem assim com os seus filhos – como sempre fizeram Romeu e Julieta – estão pedindo demissão da função de colaboradores de Deus, na formação do caráter do filho.

Já o sentimento de compaixão faz com que nos sintamos pacificados, porque não teremos a pretensão de resolver o problema do outro, mas estaremos disponíveis para ajudálo a resolver.

Resumindo o que vimos, podemos ter três tipos de atitudes diante de dificuldades dos outros: a **antipatia**, a **simpatia** e a **empatia.** Antipatia é fruto da indiferença e da crueldade. Se existe alguém com um problema, a pessoa diz que não tem nada a ver com isso. O antipático é a pessoa que está contra, que diz que não tem nada a ver com os outros.

A simpatia é sentir o que o outro está sofrendo. A pessoa sofre junto com ele. O simpático está vibrando em uma energia igual à do outro. Nessas condições pode até ajudar, mas será com um custo energético muito alto. É claro que, entre a simpatia e a antipatia, é preferível a simpatia. Isso é inegável. Porém, não é necessário viver em dois extremos, porque os dois movimentos são desequilibrados. Na simpatia a pessoa ajuda mas, energeticamente, é um processo desvitalizador do ajudador.

O equilíbrio está na empatia. Na empatia a pessoa sempre estará solidária ao outro. A pessoa se envolve, se *empatiza* com o outro, mas sabendo que a dificuldade é da pessoa e que é importante para ela. Isso deixa o ajudador pacificado. Isso o asserena. A pessoa serena, pacificada pode ajudar em todos os aspectos. Enquanto na simpatia a pessoa joga energia fora, na empatia ela vai ser um dínamo de energia a socorrer o outro energeticamente. Se ela puder fazer alguma coisa de forma objetiva, ela fará. Se não puder, ela ajudará através de orientação, do pensamento, da oração. Ela vai ser, portanto, um dínamo gerador de energia equilibrada para o outro.

Na simpatia, ela se desequilibra junto com o outro. Para dois desequilibrados, claro, vai ser mais difícil um auxiliar o outro. Ela pode até fazer, como se fala: *Eu faço das tripas coração, mas eu ajudo.* Pode até ajudar, porém, se desvitalizando, se prejudicando. É uma ajuda em que a pessoa poderia produzir cem e está produzindo dez, e a custos muito altos para quem está produzindo.

Na empatia a pessoa produz realmente ajuda eficaz. A pessoa está bem e auxilia o outro, dentro de suas possibilidades, porque não está ali para resolver o problema do outro, está ali para ajudar o outro a se auxiliar. Na simpatia – em que a pessoa sente dó – ela quer resolver o problema do outro, por isso é que gera a inquietude.

Então, o pai e a mãe diante de uma dificuldade do filho querem resolver o problema dele. Se quiserem resolver, vão entrar em processo de impotência, porque essa tentativa é fruto da onipotência, porque não temos o poder de resolver o problema de ninguém, a não ser o nosso. Portanto, quando nos arvoramos dessa onipotência – que é fruto do orgulho, da vaidade, da presunção – e queremos resolver o problema dos outros, mesmo que seja um filho, vamos nos inquietar.

Tentamos ajudar, mas, muitas vezes, nesse movimento da simpatia, sentindo pena, ajudamos atrapalhando, interferindo no processo de aprendizado da pessoa. Voltando à metáfora anterior, "tomamos a injeção" pela pessoa. É como se disséssemos: *Olha o que eu fiz, livrei meu filho da picada da agulha. Que bonitinho.* É claro que não fazemos isso com os corpos de nossos filhos, quando eles precisam de um remédio injetável, porém com os Espíritos que eles são, que é muito mais importante, vivemos fazendo isso.

O filho precisa do remédio, que são as consequências dos seus atos. Quando ele está tomando o remédio, o pai, a mãe ou ambos vão lá e sequestram o remédio que o filho está tomando, porque estão querendo ajudar. *Não, eu tenho que ir lá resolver...*

Quando isso acontece, o pai e a mãe são coparticipantes da derrocada do filho. Se o filho entrar em desequilibro, eles serão copartícipes disso. *Ah, mas eu estava querendo ajudar.* Sim, havia intenção positiva em ajudar. A intenção continua. Só que essa intenção positiva estava muito mal direcionada. Ao invés de ajudar, o pai e a mãe desajudam.

É importante termos a intenção positiva bem direcionada. E isso só é possível pelo caminho do meio, o da empatia, o da compaixão, o da solidariedade. É ter consciência de que as consequências de um ato tornam-se o remédio salvador para a pessoa. É o remédio para o Espírito que ela é. Quando passamos pelas consequências daquilo que fazemos não é porque somos vítimas-incapazes. Estamos passando por consequências, fruto do mau uso do nosso livre-arbítrio. Quando a consequência vem, por mais dolorosa que seja, é um convite a refazermos os nossos caminhos, para que aprendamos a lição, enquanto Espíritos imortais que somos. Essa lição vai ecoar eternamente em nossa vida.

Porém, se alguém vem e impede a realização desse aprendizado, mesmo que a pretexto de ajudar, está incorrendo em grande equívoco. Como somos Espíritos imortais, no futuro daquela pessoa as consequências vão retornar a ela para que aprenda aquilo que não aprendeu agora, porém o pai e a mãe podem já não estar presentes, nessa nova oportunidade. Por isso, se o pai ou a mãe impede o aprendizado aqui, acolá vai surgir uma outra situação e o filho vai ser convidado a aprender. Porém se ele aprendesse aqui, com a nossa ajuda e não com a nossa interferência para desajudar, ele poderia derramar menos lágrimas e o pai e a mãe seriam copartícipes disso.

Como a nossa proposta é sempre de aprendizado e superação dos erros, focando o acerto, analisemos que ações Romeu e Julieta – e outros pais em condições semelhantes – podem realizar, a partir do momento que reconhecem os erros cometidos.

Vejamos que nessa tentativa de ajudar o filho existe intenção positiva. Naquele momento em que interferiram para impedir as consequências dos atos do filho, foi o que eles acharam ser o melhor. Fizeram achando que a intenção positiva era bem direcionada. Agora, com um conhecimento maior percebem o erro. O que sempre podemos fazer com os nossos erros, que seja positivo? Aprender com eles.

A partir do aprendizado, somos convidados a reparar os erros. É buscar fazer diferente, em uma próxima vez. Ao invés de interferir, ajudar de verdade. Para ajudar de verdade é sempre necessária uma reflexão profunda, que nós fazemos de forma consciente. Analisar sempre o que é melhor. O pai e a mãe devem sempre se perguntar: *O que eu estou querendo fazer é algo que forma, ou deforma o caráter do meu filho?*

É fundamental que o pai e a mãe ajam usando a razão e a emoção. Quando agimos somente com a emoção, ficamos piegas. Usando somente a emoção, o pai ou a mãe diz: *Coitadinho, eu tenho que fazer alguma coisa, senão ele vai sofrer*. Isso é só emoção, que gera o sentimentalismo. Quando agimos somente com a razão ficamos indiferentes. É o pai ou a mãe que diz: *Não tenho nada a ver com isso. Que se dane, o problema é dele*. Produz aquela ideia, muito negativa, de carma. *Ele fez. Então que pague, que sofra, não tenho nada a ver com isso*. Isso é só razão, que gera a indiferença e a crueldade.

O equilíbrio está em unir razão e emoção. *Eu vou fazer o melhor*. E o que é o melhor? O pai e a mãe precisam primeiramente refletir acerca do que é o melhor. O melhor será sempre aquilo que forma o caráter do filho. Como vimos anteriormente, o pai e a mãe têm, como missão, **colaborar** com Deus na formação do caráter do irmão em humanidade, hoje na posição de filho. Essa função deve ser sempre a norteadora de qualquer ação.

Portanto, para sanar a doença moral de Asdrúbal é necessário que ele tome o medicamento chamado "consequências dos seus atos". Quando houver uma consequência, mesmo que lhe traga sofrimento, passar por ela sempre será o melhor remédio para ele. Então, Romeu e Julieta podem estar ali, juntos com ele, mas não tomando o medicamento por ele. É para segurar na mão dele, ficar ali, ser solidário, mas o medicamento é do filho.

Então, Romeu e Julieta vão, verdadeiramente, auxiliar nesse processo, energeticamente, fazendo o que for necessário para ajudar, mas sabendo que passar pelas consequências de suas atitudes é o melhor para Asdrúbal.

Para nós, por causa dos padrões familiares equivocados que herdamos – como analisamos no capítulo anterior – temos a impressão de que o correto é o incorreto. Parece que o correto é interferir, acabar com as consequências que somente deformam o caráter do filho, por isso fundamental é usar a razão e a emoção.

É importante refletir que não existem fórmulas, como uma receita de bolo. Cada situação vai requerer do pai ou da mãe uma ação diferente. Por isso, bom-senso, reflexão para unir razão e emoção. É preciso refletir e chegar à conclusão do que é o melhor. E, repetindo, o melhor é o que forma o caráter.

Analisemos agora as características do *jogo da martirização*.

Observemos novamente a *Figura 4*. O jogo da martirização está centrado na vítima-incapaz, que não é tão incapaz como parece. A vítima-incapaz percebe consciente, ou subconscientemente, as atitudes do mártir-salvador. Quando nos falamos subconsciente, queremos dizer que a pessoa não tem noção exata, na mente consciente, do que está acontecendo, mas o movimento que ela demonstra é que, lá na intimidade, em espírito, ela sabe o que acontece.

A diferença é, somente, que o cérebro não decodifica. Por isso, chamamos de subconsciente.

Então, ela percebe que, na verdade, o mártir-salvador tem um movimento de culpa. Por isso, ela assume a posição da vítima-martirizadora. É como se dissesse em sua intimidade para o mártir-salvador: *Ah é! Você está querendo me salvar. Agora você vai ver o que eu vou fazer com você. Vou lhe espezinhar, até você se cansar.* Nesse momento ela assume uma posição vingadora, consciente ou subconsciente. Passa a se vingar, martirizando o mártir-salvador.

Nesse momento é criado o jogo da martirização, que é decorrência do jogo da salvação. Nesse jogo a vítima-incapaz vai para a posição da vítima-martirizadora e se vinga do mártir-salvador, tornando-o um mártir-martirizado. O vitimizador de ontem se torna, pelo martírio, a vítima de hoje e a vítima de ontem, pelo jogo que se faz, se torna o vitimizador.

Portanto, o jogo da martirização é secundário ao da salvação. É claro que o mártir-salvador, agora martirizado, vai se sentir incompreendido. Vai sentir que ele faz tudo pela outra pessoa e não é reconhecido pelas suas realizações. *Nossa! Eu tento fazer o bem e estão sempre reclamando de mim, não reconhecem o que eu faço. Faço tudo de bom para essa família e ninguém reconhece, ninguém isso, ninguém aquilo...* Por isso o mártir-martirizado começa, também, a ir para a posição de vítima. Por isso vemos na *Figura 4* que as posições se alternam, simbolizadas pelas setas que vão para todos os lados.

Tudo isso acontece porque a vítima, que não é tão incapaz como se pensa, sente prazer no sofrimento. Esse sofrimento pode ser o seu, ou dos outros. Melhor para ela se for dos outros. Por isso ela se vinga consciente, ou subconscientemente, do mártir-salvador, martirizando-o. Ela não é a vítima do passado? Então, se tiver consciência disso, ela martiriza conscientemente. Se não tiver consciência, o faz de forma subconsciente. Ela se vinga daquilo que recebeu no passado, do atual mártir-salvador, quando ele não foi mártir, quando foi cruel com ela. Agora ela está sendo cruel com ele, para se vingar de uma forma consciente ou subconsciente.

Vamos exemplificar para aclarar mais. Analisemos a relação conjugal de Serafim e sua esposa, Genoveva. Serafim é espírita, portanto reencarnacionista, uma pessoa muito cumpridora das suas *obrigações*. A sua esposa Genoveva é muito superficial, insegura, muito irritadiça, com dificuldades em compreender a real finalidade da vida, como acredita Serafim.

Serafim lê nas obras espíritas que quando uma pessoa tem uma esposa como Genoveva – uma pessoa de difícil convivência – é porque a esposa atual é uma vítima dele do passado e que está de volta, para se reajustar com ela.

Isso é verdade? Quase sempre sim. Porém a forma como Serafim – que se torna um mártir-salvador – entende isso é deturpada. Como ele é cumpridor das *obrigações* fica em uma posição de estar sempre salvando a vítima-incapaz, que é a esposa de hoje. Faz o papel de bom-moço. Está sempre em um movimento de ajudar. Por quê? Ele acredita que já é uma pessoa mais evoluída e ela não. Então, ele precisa resgatá-la para o processo de evolução. Ele **tem que** ajudar a esposa vítima-incapaz.

Casamentos como esse, de Serafim e Genoveva, funcionam assim. Se ela ficar na posição de vítima-incapaz formarão o par "perfeito", de mártir-salvador e vítima-incapaz. Contudo, dificilmente isso acontece, pois a vítima não é tão incapaz como ele pensa. Quando percebe que o esposo é todo solicitude – está o tempo todo ali, tentando salvá-la, em razão do sentimento de culpa dele – começa a martirizá-lo. Como ela sente prazer no sofrimento, intuitivamente – mesmo que não seja reencarnacionista – ficará ali sempre alfinetando o esposo. Cada vez que ela der uma alfinetada nele, ela se vinga, consciente ou subconscientemente, do mártir-salvador, martirizando-o.

Então, ele sai da posição de mártir-salvador e vai para a de mártir-martirizado. Como ele se queixa disso? *Puxa vida, eu faço tudo para essa mulher e ela não reconhece, vive me cutucando, vive me espezinhando, vive fazendo isso comigo. Ninguém me entende nesta casa.* Ele saiu da posição do mártir-salvador, foi para a posição do mártir-martirizado que tem o seu lado vítima, também.

A esposa assume uma postura prepotente – a partir da sua aparente impotência – e se torna cruel com o mártir-salvador. Ela sai dessa aparente impotência e começa a agredir o marido. De vítima, passa a vitimizadora, devolvendo, na mesma moeda, o que recebeu no passado espiritual, apenas trocando de posição.

O marido mártir-salvador acolhe a vitimização porque, lá no fundo, ele se acha merecedor de ser vitimizado. Ele traz muita culpa e quando martirizado, acredita que está pagando por aquilo que fez.

Percebamos que essa é a lógica do processo obsessivo em que o obsidiado sente-se culpado, consciente ou subconscientemente, pelo que fez ao obsessor, e se deixa perseguir para tentar se redimir pelo sofrimento, como se a redenção ocorresse dessa maneira. No caso da história real descrita acima, a relação conjugal torna-se um processo de obsessão, de encarnado para encarnado.

Para tornar a relação saudável e não doentia, como está acontecendo, não basta a solicitude expressa por Serafim. Como isso é pseudoamor, não supera nada. O pseudoamor apenas acoberta os sentimentos ligados ao desamor, sejam nossos, sejam dos outros. Por isso a esposa entra, mais cedo ou mais tarde, no jogo da martirização. É por isso que o jogo da salvação somente é raro. É mais comum o jogo da salvação/martirização, mesclando-se uma situação com a outra.

O jogo da martirização também é um jogo de dominador/dominado. Somente as posições ficam invertidas. Quem dominava passa a ser dominado e vice-versa. O mártir-salvador sai da posição de dominador e vem para a de dominado e a vítima-incapaz sai da dominada e vem para dominadora. Gera dependência psicológica também, pois o mártir-salvador acolhe esse domínio.

Porém, é raro haver um acolhimento total. Se isso acontecesse inverteria o jogo e ficariam assim. O que é comum é que depois de algum tempo sendo martirizado o mártir-salvador não aceita mais o domínio e devolve as alfinetadas para a vítima-martirizadora.

Quando isso ocorre, e isso é muito comum na relação conjugal, ambos ficam trocando alfinetadas. Ficam trocando farpas de ódio mútuo. É o jogo da martirização/martirização.

Os dois assumem a posição de vítimas-martirizadoras. Um fica agredindo o outro. Quando a vítima-martirizadora agride o mártir – que se torna martirizado – ele pode pular para a posição da vítima-martirizadora e aí começam a trocar farpas. Ficam se agredindo como se estivessem no mesmo ringue, dando tapas, um para lá, o outro para cá. São dois martirizadores que ficam se esbordoando mutuamente.

Isso acontece até que um – ou ambos – se cansam, ou o sentimento de obrigação volta a se fortalecer no mártir-salvador. Quando isso acontece voltam para a posição de vítima-incapaz e de mártir-salvador.

Após algum tempo no jogo de martirização, Serafim diz: *Mas eu não posso deixar as coisas assim, eu tenho que fazer alguma coisa.* Quando a pessoa se acha responsável pelo erro do outro volta à posição de mártir-salvador. Volta para o movimento da obrigação de fazer alguma coisa em relação à situação.

Portanto, dificilmente os jogadores vão ficar em posições fixas. Por isso, o mais comum não é o jogo da salvação e da martirização isolados, mas os jogos mistos de salvação-martirização. O mártir-martirizado de repente reage e volta para a posição do mártir-salvador. A vítima-martirizadora, como tem o movimento de vítima-incapaz – que é muito cômodo – sai dessa posição depois de se vingar do mártir e volta para a posição da vítima-incapaz. As pessoas tendem a ficar, muitas vezes, transitando, hora em uma posição, hora em outra.

Essa troca de posição pode variar de acordo com os membros da família. Por exemplo, em uma família de pai, mãe e três filhos. A mãe assume a posição de mártir-salvadora de um dos filhos, que para ela é a vítima-incapaz. Normalmente é o doentinho, ou o problemático da família. *Pedrinho é doentinho (ou), é problemático.* Ela faz tudo para ele, que tem mais atenção do que os outros. Quando os irmãos reclamam, ela diz assim: *Não é que eu dou mais atenção a ele. É porque seu irmão é mais problemático, por isso eu tenho que ter mais atenção com ele.*

Na verdade, a mãe está assumindo uma posição de mártir-salvadora daquele filho que considera vítima-incapaz. Os outros filhos não são vítimas, mas o Pedrinho é. Com o esposo ela assume a posição de vítima-incapaz e vítima-martirizadora. O esposo, por sua vez, assume a posição de mártir-salvador e mártir-martirizado da esposa. Em outras vezes ele vai para a posição de vítima-martirizadora também, e troca farpas com a esposa.

Na maioria das vezes, os jogadores não têm consciência dos jogos que fazem. Esses jogos, na maior parte do tempo, são subconscientes. As pessoas nem têm ideia do que está acontecendo, mas estão jogando o tempo todo. Às vezes acontece de, em determinado momento, em um jogo com a mesma pessoa, uma hora um está em uma posição, em outra hora está em outra.

É como se fosse um jogo de *squash*. *Squash* é aquele jogo em que duas ou mais pessoas entram em uma sala, cada uma com uma raquete que usam para bater e rebater uma pequena bola contra uma parede. Cada vez que a bola bate e volta é a vez do outro jogador bater na bola com a sua raquete, e assim vão trocando de posição para rebater a bolinha. Esses jogos são como se fosse um *squash* psicológico. Cada hora um ocupa uma posição diferente, vão trocando sempre de posições.

Existem pessoas que assumem uma postura mais intensa de mártir-salvador. Outras assumem, de forma mais intensa, a de vítima, seja incapaz ou martirizadora, conforme a predisposição de cada uma. Porém, existem pessoas que transitam muito bem pelas quatro posições.

Nos jogos mistos, às vezes, um jogador assume a posição de mártir-salvador com uma determinada pessoa da família. Com outra, ele é vítima-incapaz. Outras vezes alterna, entre vítima e mártir-salvador, com a mesma pessoa, dependendo do momento. Com a mesma pessoa, em um momento está como vítima e em outro pode estar como mártir-salvador, e vice-versa. Em fração de segundos ela pode mudar, pode virar o jogo.

Portanto, raramente temos um único jogo. É comum ficarmos alternando as posições de jogo. Então, cada hora um assume uma posição. Os jogos nessas condições são muito complexos. Às vezes, em fração de segundos, um jogador sai de uma posição para a outra, e depois volta para a posição original. O mártir-salvador também tem sua porção vítima. Existem momentos em que ele coloca o mártir-salvador de lado e vai para a posição de vítima, seja incapaz, seja martirizadora.

A vítima também pode ter a sua porção mártir. Às vezes ela não tem com aquela pessoa que quer salvá-la, mas tem com outra pessoa.

Porém, não existe jogo se não houver parceiros jogando. Os parceiros estão jogando quando um joga em uma posição e o outro joga na outra, alternando essas posições.

Vejamos, a seguir, o exemplo de como os jogos mistos ocorrem entre vários membros da mesma família. Estudemos a família de Dagoberto, sua esposa Florisbela e seus filhos Florisberto e Amadeu.

Florisbela é a condutora da família. Assume a postura de mártir-salvadora do esposo e do filho Amadeu, que ela diz ser um rapaz "problemático". Não quer saber de estudar, apesar de já estar na faculdade. Só quer saber de farra com os amigos. Florisbela se preocupa muito com o futuro do filho. Diz que o pai Dagoberto não faz nada para mudar a situação, não dá nenhum conselho ao filho. Vive no seu mundo. Somente ela se preocupa com a família. Tem de viver "pegando no pé" de Amadeu para que estude, e do marido para que reaja e assuma, de vez, a família. Mas nada acontece.

Nesses momentos Florisbela queixa-se de que está sobrecarregada com essa vida de estar sempre "pegando no pé" do filho e do marido, sem que eles lhe deem a mínima atenção. *Eu sou a única que se dedica a todos, sem receber retribuição alguma.* Ameaça largar tudo para, logo depois, voltar à posição de "cobradora" oficial da família. Percebamos que aqui Florisbela assume a posição de mártir-martirizada, para logo depois voltar à sua posição predileta no jogo, que é a de mártir-salvadora.

Dagoberto, em razão das exigências da esposa, oscila no jogo com ela, entre as posições de vítima-incapaz e vítima-martirizadora. Na posição de vítima-incapaz, ele se queixa que não tem jeito para ficar "cobrando" ninguém, por isso, prefere deixar a esposa assumir as "rédeas" da família. Ao mesmo tempo sente-se muito ressentido com a postura de "cobradora" que a esposa tem com ele e faz críticas à sua postura. Por várias vezes Dagoberto alfineta a esposa com essas críticas, dizendo que ela deveria "pegar no pé" apenas de Amadeu, pois ele próprio não tem nada a ver com isso. Nesses momentos Florisbela assume também a posição de vítima-martirizadora, e passa a trocar farpas com o marido, medindo forças com ele para provar quem é mais "irresponsável".

Florisberto é o "certinho" da família. Tem 22 anos, 02 anos mais velho do que Amadeu. Ele assume, junto com a mãe, a posição de mártir-salvador do irmão, diz ser muito irresponsável e não quer seguir os seus "conselhos". Ele diz que sempre foi mais estudioso e responsável do que o irmão e que, desde a infância, por várias vezes, tanto a mãe, quanto o pai o comparavam com Amadeu. Diziam que ele era o filho exemplar e que o irmão era irresponsável, nem parecia ser da família.

Florisberto, porém, nutre com a mãe certa competição, que o faz constantemente medir forças com ela saindo, muitas vezes, da posição de aliado mártir-salvador, para a de vítima-martirizadora. Nesses momentos ele agride verbalmente a mãe, dizendo que ela não tem pulso firme para manter a situação sob controle.

Depois de assumir essa posição de vítima-martirizadora, ele vai para a posição de mártir-martirizado, dizendo: *Eu faço tudo para ajudar e não sou reconhecido. O jeito é largar mão e ir viver a minha vida.* Nesses momentos ameaça ir embora de casa, fazendo com que Florisbela se sinta muito culpada por não estar dando a atenção que ele merece. Hábil manipulador da mãe, Florisberto, nesse momento, vai para a posição de vítima-incapaz, colocando-se como coitado e incompreendido, fazendo com que a culpa de Florisbela se amplie e ela reforce a sua posição de mártir-salvadora de toda a família.

Já Amadeu é, assumidamente, a vítima-incapaz. Desde criança adotou essa posição, principalmente, quando os pais o comparavam com Florisberto, dizendo que ele não era como o irmão. A sua autoestima, nesses momentos de comparação, se tornava muito diminuída. Ele se sentia inferior ao irmão, e Florisberto sempre fez questão de ampliar essa diferença. Sempre o ridicularizou por ser "irresponsável".

Nesse ambiente Amadeu cresceu, sendo a "ovelha negra" da família, o "irresponsável", o "incapaz". Sempre teve dificuldades nos estudos e aos 14 anos passou a se alcoolizar com frequência. Bebia escondido dentro de casa, tanto a cerveja que sempre era encontrada na geladeira, quanto o whisky que ficava no bar da sala. Aos 16 anos começou a usar maconha e, de vez em quando, usava cocaína. Quando criticado pela mãe e pelo irmão assumia a posição de vítima-martirizadora e devolvia as cobranças agredindo verbalmente a mãe e, especialmente, o irmão. O pai, Dagoberto, nutria certa relação de cumplicidade com ele, pois ambos se achavam incompreendidos.

A maioria das famílias, lamentavelmente, assume jogos parecidos com esses descritos no exemplo dessa família de Dagoberto. Os mais comuns são esses jogos mistos, em que os membros transitam entre as várias posições do jogo.

É fundamental que todos nós reflitamos sobre as ações necessárias para nos libertar dos jogos psicológicos, tão perniciosos às nossas relações, conforme veremos a seguir.

Inicialmente, é fundamental que reconheçamos o jogo, e a partir de então, queiramos transformar o jogo, nos libertar dele porque, se nos comprazemos com o jogo – seja o da salvação ou o da martirização ou os mistos, em razão dos ganhos secundários – vamos adiar as possibilidades de resolver, conforme vimos no exemplo da família estudada há pouco.

Uma pergunta pode estar passando pela sua mente, caro (a) leitor (a): *Para que eu mude é necessário que o outro mude?* Esse é um dilema que muitas pessoas têm no relacionamento familiar, principalmente no conjugal. A pessoa que deseja a mudança diz assim: *Eu mudo, se ele (ou ela) mudar.* E fica um esperando o outro.

Uma das coisas que não temos poder, de forma nenhuma, é de mudar o outro. Temos o poder, apenas, de mudar a nós mesmos, a forma como nós entendemos determinada situação. Então, se quisermos mudar os jogos, poderemos até fazer um acordo com os outros membros que jogam, e mudarmos todos.

Podem mudar os dois, os três ou mais, porque esses jogos podem ser jogados, como vimos, pela família inteira. E todo mundo pode mudar, se fizerem um trabalho em conjunto. Mas, se o outro não quiser mudar, pode mudar-se individualmente. A pessoa que escolheu mudar e se libertar do jogo não precisa ficar esperando a decisão do outro porque, como vimos, o jogo psicológico é semelhante a um jogo de tênis ou *squash*. Para que ele exista é necessário que tenha, pelo menos, duas pessoas querendo jogar. Se uma para de jogar, o jogo acaba ou se torna parcial.

O ideal é que todos queiram parar de jogar, mas se um o fizer, mexerá na estrutura de todo o jogo. Então, por exemplo, se você quiser parar de jogar com seu cônjuge, pare você. O outro vai continuar propondo o jogo, mas se você parar, não vai ter mais jogo, mesmo que o outro continue propondo, porque essas proposições são automáticas, a pessoa acaba fazendo sem nem perceber que está jogando. Após certo tempo, como não há resposta do outro provável jogador, o jogo terminará e começarão a ter uma relação mais autêntica.

Dessa forma exercitamos o poder de realizar ações de transformação de nossa vida e influenciamos a transformação do outro, conforme vimos no capítulo sobre a visão sistêmica-transpessoal da família.

Para concretizar tudo isso é preciso uma atitude de autoconsciência, que faz com que transmutemos, tanto o pseudoamor, quanto o desamor.

Vimos que os jogos começam no movimento da salvação, em que a pessoa tenta mascarar a ansiedade de consciência de ter sido cruel ou indiferente no passado recente ou remoto.

A pessoa tenta reprimir a tendência à indiferença e crueldade que trás em si mesma com o jogo da salvação. Quando há repressão desses sentimentos cria-se uma máscara, o martírio, que além do jogo da salvação gera o da martirização.

Para que nos libertemos desses jogos é fundamental desenvolvermos os sentimentos essenciais originários do amor, da renúncia e da compaixão, que verdadeiramente vão transmutar a crueldade e a indiferença e não vão apenas mascará-los como nos jogos.

O equilíbrio acontece quando conectamos conosco mesmos em essência, refletimos, e escolhemos conscientemente fazer exercícios de amor, renúncia, compaixão, tolerância, paciência, etc.

Nem sempre conseguimos fazer esses exercícios em todos os momentos. Muitas vezes agimos de forma indiferente ou cruel, em outras mascaramos, mas depois, ao refletirmos sobre as nossas atitudes, podemos corrigi-las sempre. Isso é natural porque ainda não é possível, simplesmente pelo fato de buscarmos exercitar o amor, a renúncia, a compaixão, nos tornarmos pessoas que detêm esses sentimentos de uma hora para outra. Para isso nos tornaríamos mestres, Espíritos puros, por autodecreto, e isso é impossível.

É fundamental lembrar que somos aprendizes de amor, mansidão e humildade, como nos convida Jesus. Então, na condição de aprendizes, devemos fazer "N" exercícios para nos tornarmos pessoas amáveis.

Muitas vezes, uma pessoa que está em trabalho de aprimoramento, pode "escorregar" e seguir pelo caminho do desamor, praticando a crueldade, ou a indiferença. Como está sendo sincera nos propósitos de mudança ela, pelo esforço de autoconsciência, cai em si, percebe a realidade e pensa: *Estou em um processo de me esforçar para desenvolver renúncia, compaixão e amor. Já posso me esforçar para me libertar dessa tendência à crueldade e indiferença que não me convêm.* Nesse momento ela faz um exercício de transmutação, e não de mascaramento.

Se, no entanto, ela "escorregou" para o pseudoamor e mascarou – reprimiu a crueldade e a indiferença – e colocou a máscara do martírio, da mesma forma ela pode pensar: *Eu já sei que essa atitude de me martirizar somente mascara sentimentos negativos que trago dentro de mim. Estou trabalhando comigo mesma para desenvolver amor, renúncia e compaixão.* Neste momento ela faz o exercício de libertação da máscara, desenvolvendo os sentimentos essenciais do amor, da compaixão, da renúncia.

Isso faz com que o caminho do aprimoramento seja trilhado com suavidade e leveza. É exatamente essa a proposta de Deus para nós, para a qual Jesus veio nos despertar ao nos convidar para sermos aprendizes d'Ele, e aprendermos, tanto com os nossos acertos, quanto com os nossos erros.

Quando nos percebermos em erro, ao invés de ficar nos recriminando e autopunindo, como um ser onipotente que acredita já ter a verdade dentro de si, é necessário, simplesmente, reconhecer: *Eu escorreguei, caí, mas eu posso me levantar e continuar caminhando* de uma forma suave, leve, não me obrigando a ser perfeito, mas me esforçando para aperfeiçoar sempre, pelo processo de autoconsciência. Esse é o único caminho que leva à evolução.

Portanto, o movimento de autoconsciência faz com que nos sintamos bem, fazendo exercícios de amor, mansidão, compaixão, renúncia, quantas vezes forem necessárias. Esse esforço consciente vai garantindo o nosso equilíbrio, que não é uma estação de chegada, mas um movimento constante, pois precisamos de vigilância constante para não "escorregar" e ficarmos parados nas posições extremistas. Para isso é necessário sempre exercitar a busca do equilíbrio.

Esse movimento de equilíbrio não é pesado, não é angustiante. Muito pelo contrário. É cada vez mais um elemento que nos gera a consciência tranquila, a paz interior.

Porém, se estamos buscando, cada vez mais, um movimento de equilíbrio e ainda nos sentimos desequilibrados é porque alguma coisa está errada. Estamos fazendo algo que não esteja em conformidade com esse processo de reconhecer o problema e buscar transformá-lo, transmutá-lo. Com certeza, estamos reconhecendo e nos recriminando por ainda estarmos assim. Seja por causa do sentimento de desamor, seja pelo pseudoamor.

Quando nos recriminamos, simplesmente marcamos passo. Ao invés de ir para o equilíbrio amoroso, ficamos nos recriminando por estarmos no desequilíbrio do desamor, ou do pseudoamor. É como se falássemos para nós mesmos: *Onde já se viu você ainda agir assim! Já era para ser perfeito.* É claro que isso não é possível.

Portanto, a superação dos jogos psicológicos familiares acontecerá de uma forma gradual, suave e leve por parte daquele que já percebeu que somente o equilíbrio resultante da autoconsciência é que irá solucionar as dificuldades criadas por nós, seja nesta ou em outras existências.

Finalizando, podemos dizer que para conseguirmos parar de jogar é fundamental estabelecer limites nas relações. Os jogos surgem quando não colocamos limites. E uma relação sem limites vai criar grandes dificuldades no próprio relacionamento. A colocação de limites no relacionamento familiar, seja na relação do casal, seja na relação do casal com os filhos ou dos filhos com os pais, etc, é uma prática de amor. Essas relações só vão acontecer de uma maneira equilibrada, amorosa, se nós colocarmos limites.

Estudaremos essa prática no próximo capítulo.

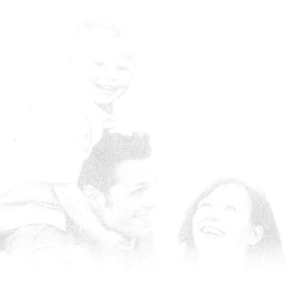

CAPÍTULO 6

A colocação de limites no relacionamento familiar: Prática de amor

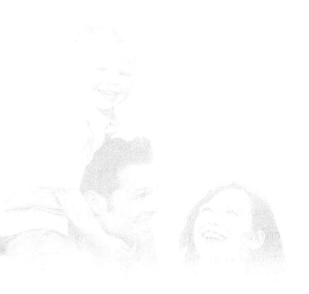

No capítulo anterior vimos os jogos psicológicos familiares e quão perniciosos eles são. Neste capítulo vamos analisar os meios de nos libertar deles.

Para nos libertar dos jogos, o primeiro passo é admitir que jogamos e que esse jogo é pernicioso. Por que é necessário reconhecer isso e querer mudar? Porque nesses jogos existe algo que torna prazeroso jogar: os ganhos secundários.

Que ganhos secundários são esses? O do mártir-salvador é ser visto como o "bonzinho", o "certinho". Isso gera os aplausos e a admiração das demais pessoas e faz com que ele anestesie a própria consciência, em razão das dificuldades de autoaceitação que mantém. O do mártir-martirizado é ser visto como "incompreendido", que se martiriza e ninguém reconhece. Isso reforça o anestesiamento da consciência, o sentimento de culpa e de autopunição que ele julga merecedor.

Os “ganhos” da vítima-incapaz são: a acomodação na sua suposta incapacidade, e ter sempre alguém fazendo algo por ela. O da vítima-martirizadora é o prazer da desforra, mesmo que subconsciente.

Esses “ganhos” são prazerosos. Como são prazerosos, o que acontece? Alimentam o próprio jogo! Porém, esses ganhos não são reais. Na verdade, todos os jogadores sempre perdem, conforme analisamos no capítulo anterior.

Entretanto, é preciso ter coragem para querer mudar. Sair de algo que já conhecemos – os ganhos secundários – e ir para algo que ainda não conhecemos – os ganhos reais. É por isso que a maioria das pessoas mantém os jogos do martírio uma vida inteira, pois elas não reconhecem que é um jogo ou, se reconhecem, acham que não têm alternativa, que é assim mesmo, que todo mundo faz, e por isso elas não têm condições de mudar.

Porém, essa afirmativa é uma farsa, uma mentira. Na verdade, todos nós podemos mudar. Só que, primeiramente, é necessário reconhecer a necessidade da mudança e ter a coragem de mudar, querer sair do ganho secundário e ir para o ganho real.

Agora, como fazer para superar os jogos do martírio? Depois de reconhecer o jogo e, realmente, querer ir para os ganhos reais e não ficar nos ganhos secundários, é preciso estabelecer limites nas relações.

Por que é necessário estabelecer limites? Porque nos jogos do martírio não há limites bem definidos, um invade a intimidade do outro.

Por que invade? Porque o outro deixa, pois é um jogo de dominador/dominado. Para que não haja mais dominador, nem dominado, é preciso que haja limites na relação.

Então, ao se colocar limites, o jogo de dominador/dominado acaba. É claro que esses limites devem ser equilibrados, conforme estudaremos a seguir.

Esses limites somente serão possíveis ao exercitarmos o poder de realização e de transformação, que é o poder que transmuta, que transforma, tanto a onipotência e a prepotência, quanto a impotência.

A referência do poder de realizar ações de transformação é interna. Os outros são pseudopoderes, pois estão centrados nas outras pessoas. A onipotência é poder de superioridade sobre o outro. A prepotência é o poder de coerção sobre o outro. A impotência é uma falsa ausência de poder em relação ao outro ou às circunstâncias.

O poder real é o que todos temos diante da nossa vida. Por isso é que é real e os outros são falsos. São pseudopoderes porque não temos, realmente, domínio sobre a decisão e as escolhas dos outros. Somente temos o poder de exercitar a transformação da nossa vida para melhor.

Uma pessoa pode se perguntar, por exemplo: *Eu posso mudar a minha vida para melhor? Posso. Só depende de mim. Não depende de mais ninguém.* Agora, se ela disser: *Eu quero muito mudar a minha vida para melhor, mas desde que minha mãe me ajude, desde que minha mãe mude, meu marido mude, minha mulher mude, desde que aconteça isso, ou aquilo...*, ela se fixou no pseudopoder.

Quando mudamos, servimos de exemplo de mudança para os outros. A pessoa, ao desenvolver esse poder, usa-o para colaborar, para que o outro adquira as experiências e viva a sua vida da melhor maneira possível. Portanto, esse poder será usado na relação conjugal, na maternidade, na paternidade, na relação filhos/pais, entre irmãos, com qualquer relação que tivermos em família. Fazendo isso nos libertaremos dos jogos do martírio e as relações familiares se tornarão mais autênticas.

Para aprender como devem ser os limites, vamos buscar os ensinamentos de Jesus. Primeiramente em Matheus, no Capítulo 5, versículo 37: *Seja, porém a sua palavra sim, sim, e o não, não. O que disto passar, vem de procedência maligna.* As palavras de Jesus são muito claras na questão de que deve haver limites. Então, se quando as coisas são *sim* e logo viram *não* é maligno. Quando forem *não* e logo viram *sim* é maligno também. Quando precisamos e queremos dizer *não* e dizemos *sim* é maligno. O contrário também o é.

Quando agirmos assim, sempre nos fará mal. Quando não colocamos limites, vamos proceder de forma maligna, de uma forma má, que vai nos perturbar, nos desequilibrar.

Como deve ser esse limite? Como estabelecê-lo? Jesus também nos dá a forma de estabelecer o limite, em Matheus, Capítulo 5, versículo 13: *Vós sois o sal da terra. Ora, se o sal vier a ser insípido, como restaurar o sabor?* Então, o sal é a grande medida, a medida do equilíbrio. Jesus usa o sal como símbolo de equilíbrio. Se colocarmos sal de menos, ficará insípido, sem gosto, mas se colocarmos sal demais, a comida ficará salgada. Então, o sal só vai ser benigno quando estiver sendo usado com equilíbrio, nem de menos, nem demais. Somos convidados ao equilíbrio. O limite é uma prática de equilíbrio por excelência. Esse equilíbrio é fundamental: o *sim*, bem colocado e o *não*, bem colocado.

Porém, é isso que observamos na prática? Não. Por isso, quando não temos equilíbrio na questão de um simples *sim* e de um simples *não*, entramos no campo do maligno, fazendo mal a nós mesmos e aos outros.

Por mais óbvio que pareça, ainda existem poucas pessoas que dizem sim, na hora que é para dizer sim, e não na hora que é para dizer não.

Portanto, a forma como o limite deve ser estabelecido é similar à dosagem de sal a ser colocado na comida: com equilíbrio, na medida certa, nem demais, nem de menos. A medida certa dependerá do bom-senso. O amor e a prática do dever consciencial vão nos orientar o bom-senso.

Os limites podem ser de três tipos: **rígidos, difusos** ou **equilibrados.**

O limite é **rígido** quando predominam os sentimentos de onipotência, prepotência, autoritarismo, individualismo, autoanulação, agressividade e imposição.

A característica mais marcante dessa rigidez é o individualismo. É um movimento egoico, fruto do egoísmo e do egocentrismo que está centrado na exaltação de si mesmo e na rejeição dos outros.

A onipotência nada mais é do que a prática desse individualismo, em que há a exaltação de si mesmo: *Eu sou melhor, penso melhor. Eu sei das coisas, você não sabe.* O mártir-salvador age assim. Ele está sempre dando lição de moral para os outros, falando o que os outros precisam ou não precisam fazer.

Ele se exalta devido ao próprio orgulho, gerando um movimento ligado ao complexo de superioridade, em que há exaltação de si mesmo e rejeição aos outros, mesmo quando ele, pretensamente, quer salvar o outro. Por que é uma rejeição, apesar da intenção positiva de salvar? Está implícito este movimento: *Eu sou o salvador e você é a vítima-incapaz. Eu sou melhor, você é pior.* Então existe rejeição, desde rejeição sutil, até rejeição bem explicitada.

Para que esse limite rígido funcione é preciso que a pessoa que joga na posição da vítima-incapaz se autoanule. A autoanulação é uma reação ao individualismo. Gera o pseudoaltruísmo. Está centrada na rejeição de si mesmo e na tentativa de anulação de sua individualidade, para agradar os outros.

O mártir-salvador também tem essa característica, pois para salvar o outro, ele anula a sua vontade. O que importa é o outro. Ele tem sempre de agradar o outro, mesmo que passe por cima de suas necessidades. Quando ele se autoanula, é o mártir-salvador se tornando o mártir-martirizado, segunda posição do jogo do martírio.

A vítima-incapaz acolhe esse jogo e também se auto-anula, pois para ela é cômodo anular a própria vontade para ter seus problemas resolvidos pelo mártir-salvador.

Quando ela cansa de se autoanular vai para a posição da vítima-martirizadora ampliando, ainda mais, a autoanulação do mártir-martirizado.

No limite rígido há um movimento de imposição. É inflexível, algo no qual não há alternativas. *Ou é assim, ou é assim*. É focado no **não**. O **não** é colocado de forma rude: *As coisas têm que ser como eu quero, têm que ser do meu jeito e não do jeito que você quer!*

O lema desse tipo de limite é: *Eu e não o outro*. O tipo de "educação" comum no passado, era assim: *Eu sou seu pai. Eu é que sei, você não sabe... É não, porque eu sou seu pai. É não, porque sou sua mãe. É não, porque sim, e cala a boca...* E se não calasse, levava um tapa na boca.

Esse tipo de limite vai gerar a criança "boazinha", porque ela aprende a agradar o pai, a mãe, senão ela toma, literalmente, tapa na boca. Hoje em dia já não existe muita agressão física, mas há muita agressão verbal, muita agressão emocional. Nesse movimento está sempre imperando o lema: *Eu e não você. O que você pensa não tem valor nenhum. O que tem valor é o que eu penso.*

O limite **difuso** é aquele em que predominam a impotência, a permissividade e também o individualismo.

Há um sentimento de impotência: *Não posso fazer nada* e permissividade: *Cada um pode fazer o que quer, como quer, na hora que quer*. Nesse tipo de limite o individualismo é diferente do limite rígido, porque o lema é: *Cada um por si*.

No limite rígido é: *Eu e não o outro. Eu sei e você não sabe*. No limite difuso é: *Eu, ou o outro. Todo mundo sabe o que fazer da sua vida*, ou o que é mais comum: *Todo mundo não sabe e cada um que se vire.* Não há uma direção. Em algumas famílias pode haver ausência total de limites ou limite tão tênue que, praticamente, não existe.

Cada componente da família agirá da forma que quer. Então, há uma pseudoliberdade. É focado no **sim**. Eu posso tudo ou o outro pode tudo, de forma individualista.

É claro que nesses dois tipos de limites, em que colocamos as posições extremistas, existem gradações entre os extremos e, muitas vezes, uma mescla dos dois.

Todas as relações necessitam de limites, mas equilibrados, bem colocados. No caso da família, os limites começam na relação conjugal, pois sem limites bem estabelecidos essa relação gerará grandes dificuldades, inclusive na relação pais e filhos também. A partir da relação conjugal, os pais colocarão limites na relação deles com os filhos, dos filhos com eles e entre os irmãos.

Portanto, dentro de qualquer relação em família – conjugal, entre pais e filhos, ou entre irmãos – os limites rígidos e difusos vão gerar grandes dificuldades nos relacionamentos.

Vejamos agora o limite **equilibrado**. Nesse tipo de limite predomina o poder de realização e de transformação. É o poder de realizar ações de transformação da própria vida.

No limite rígido há um padrão de onipotência e prepotência, abusos de poder. No difuso há a impotência, falsa ausência de poder. No equilibrado há o poder real.

O único poder verdadeiro é o de mudar a nós mesmos. Não temos o poder de mudar os outros. Quando criamos a ilusão de que temos o poder de mudar os outros entramos na onipotência e na prepotência.

O poder verdadeiro é esse que cabe a nós realizar em nós mesmos, nos transformando em pessoas melhores. Isso não significa que vamos deixar os filhos, os cônjuges e outros membros da família fazerem o que quiser.

O poder de realizar ações de transformação vai nos tornar pessoas melhores, mais equilibradas. Ao colocarmos os limites, isso nos gera autoridade, pois difere do autoritarismo, do limite rígido em que há falsa autoridade. A pessoa que age com autoritarismo fala da "boca para fora", sem autoridade, porque não faz esforços para exercitar aquilo que fala.

Ao contrário, quando a pessoa utiliza o poder de realizar ações de transformação da própria vida para melhor, fala da "boca para dentro", pois faz exercícios para sentir e vivenciar o que fala.

Quem age com autoritarismo **impõem** limites desta forma: *É assim porque sou seu pai. É assim porque sou seu marido.*

Quem age com autoridade **coloca** limites desta forma: *É assim porque eu me esforço para ser assim. Porque nós estamos querendo ser uma família assim, mais amável e respeitosa. Porque nós estamos querendo um casamento assim, com base em respeito e na valorização um do outro.*

Portanto, é a pessoa que se esforça, realizando as transformações de que necessita. Por isso tem autoridade. Não é a pessoa perfeita, mas é a que busca se aperfeiçoar. Estamos muito distantes da perfeição. Somos pessoas muito mais voltadas para a imperfeição e, a partir do despertar da nossa consciência, estaremos nos esforçando para nos aperfeiçoar.

Portanto, a autoridade está centrada no esforço que a pessoa faz para dominar as suas más inclinações. Isso é poder de realizar ações de transformação. Somente assim é que terá autoridade para falar. Quando falar, o outro sentirá que é sim, sim, e não, não. É não, ou sim, porque existe um motivo plausível, justo. E não um sim, ou um não, sem sentido, ou de forma autoritária, rígida.

A autoridade tem, como base, a individualidade. Na individualidade, a pessoa age como pensa que deve ser o melhor, mas respeita o direito do outro de pensar diferente. Age da melhor maneira possível, mas sempre sabendo que existe o direito do outro e que a nossa individualidade termina quando começa a do outro.

O individualista não respeita a individualidade do outro. A pessoa que cultiva a individualidade se respeita, se valoriza e valoriza, também, a individualidade do outro. Ela tem um movimento respeitoso na relação.

Quando colocamos limites com equilíbrio, há sempre um movimento de respeito – "**eu**" e o "**outro**", formando o "**nós**" – cada um com a sua individualidade. Então, em toda a relação sempre vai haver esse "**nós**" que pode ser de duas, três, quatro, cinco ou mais pessoas, formando o relacionamento familiar saudável.

Façamos um parêntese para aprofundar alguns conceitos relacionados aos limites: o individualismo e a individualidade.

Qual a diferença entre *individualidade* e *individualismo*? Individualidade é equilíbrio, individualismo é desequilíbrio. A individualidade é um movimento essencial, fruto do autoamor. Só vai preservar sua individualidade quem se autoama. Gera o altruísmo, a autoafirmação e a autopreservação.

Somente uma pessoa com a individualidade bem estruturada sabe estabelecer limites em qualquer relação: em família, ou fora dela, na relação com amigos, na relação com superiores hierárquicos, no trabalho, etc. Uma pessoa que tem a sua individualidade bem desenvolvida, se autoafirma, se autopreserva e vai colocar bem os limites e não deixará ninguém invadir a sua intimidade.

Como já dissemos, o individualismo é um movimento egoico, fruto do egoísmo e do egocentrismo, que está centrado na exaltação de si mesmo e na rejeição aos outros.

A pessoa individualista não respeita a individualidade do outro. Ela não percebe que os seus direitos terminam quando começam os direitos do outro. Ela não busca o dever de respeitar o direito do outro. Desconsidera um princípio básico da vida em sociedade, que é realizada através de direitos e deveres.

O individualista não respeita os limites colocados na relação com o outro. Para a nossa harmonia interior é fundamental refletir que não temos o poder de fazer com que o outro respeite o limite da relação, com que o outro cumpra os seus deveres.

Porém, também é fundamental saber que existem dois tipos de limites: o limite da relação interpessoal e o limite interno, gerado pela nossa individualidade. Não temos o poder de impedir que seja desrespeitado o limite da relação.

No caso de desrespeito, há três alternativas: duas desequilibradas e uma equilibrada.

A primeira desequilibrada é assumir a impotência, autoanulando-se, permitindo que o outro invada a nossa intimidade.

A segunda, também desequilibrada, é reagir com prepotência impondo o limite, à força, de forma individualista, igualando-se ao outro.

A única alternativa equilibrada é manter o limite, quantas vezes forem necessárias, até que o outro aprenda a respeitá-lo. Para fazer isso é necessário cultivar a paciência, a renúncia e outras virtudes que são joias raras, de alto valor. Vale a pena pagar o preço para desenvolvê-las em nós. Exige trabalho e disposição de desenvolver o poder de realizar ações de transformação.

A outra pessoa não tem o poder de invadir a nossa intimidade, a não ser quando permitimos, pela autoanulação. A autoanulação cria o processo de dominador/dominado para não ter conflitos externos na relação, que são transferidos para a intimidade da pessoa. É a pessoa que se torna boazinha e permite que seja desrespeitada em sua individualidade. Todos nós temos o direito e o dever de preservar a nossa individualidade. Se agirmos com autoanulação, esse direito não é preservado e o outro vai invadir a nossa individualidade. Se agirmos com a prepotência do individualismo, impondo o limite, quando o outro tentar invadir o nosso limite reagiremos com agressividade, nos igualando a ele. Normalmente acontece de agirmos de forma pendular entre esses dois extremos.

O equilíbrio é o meio-termo, em que colocamos o limite com firmeza e autenticidade, sem impô-lo ao outro, mas exigindo que seja respeitado. A pessoa que se acostumou ao desrespeito tentará ignorar o limite da relação, mas com muita tranquilidade o colocaremos de novo, quantas vezes forem necessárias, até que o outro aprenda a respeitá-lo. A postura é educativa, tanto nossa do dever de preservar o direito à nossa individualidade, quanto do outro em aprender que existem direitos e deveres. E que o direito dele termina quando começa o direito do outro.

Quando colocamos um limite e o outro avança por cima desse nosso limite é porque ele pode fazer isso. Porém, se estivermos conscientes de que fomos nós que colocamos esse limite e que é importante para manter a nossa individualidade, utilizaremos o nosso poder de colocar de novo.

Vamos fazer uma analogia usando uma metáfora. Imaginemos que o limite da relação pessoal seja semelhante a uma cerca de jardim – como aquelas cerquinhas de madeira – que construímos em torno de nós.

Imagine, então, que você criou essa *cerca* para preservar-se e veio a pessoa individualista – que age como se fosse um trator – e passa por cima da sua *cerca*. Com certeza vamos encontrar muitas pessoas "tratores" na nossa vida, dentro e fora da família.

A grande maioria age assim, de forma individualista. A pessoa vai e passa, como um trator, por cima da *cerca*. Quando isso acontece você pode ter várias atitudes.

Pode, por exemplo, reagir agressivamente e esbravejar: *Aonde já se viu, passar por cima de minha cerca, e blá, blá, blá... Vou lá, passar por cima da cerca dele também.* Ninguém passa por cima de nossa individualidade, a não ser que permitamos. Então, quando nos incomodamos e partimos para agressão ao outro, é porque estamos, também, reagindo de forma individualista e nos igualando em agressão com o outro.

Voltando à metáfora anterior, isso acontece quando você pega o seu "trator" e arrebenta com a *cerca* do outro, porque ele fez o mesmo com você. Vão ser duas pessoas com os limites invadidos, agredindo-se mutuamente. Muitas pessoas vivem assim em família, trocando agressões, fazendo da convivência familiar um verdadeiro inferno.

Você pode ter um movimento de passividade e partir para a autoanulação: *Ele não respeita, então eu não posso fazer nada.* Quando você reage assim, permite que o outro passe do limite, não apenas da relação, mas também, do limite interior, gerado pela sua individualidade. Nesse caso, o outro vai invadir a sua intimidade, porque você permitiu, você escancarou a *porta*.

Se você diz: *Não adianta nada, porque ele não vai mudar*, é como se você abrisse mão da sua *cerca* e também da *porta* de entrada de sua individualidade. O outro até pode passar pelo limite da relação – que estamos simbolizando pela *cerca* – mas ele só vai passar pelo limite de nossa individualidade – que estamos simbolizando com a *porta* – se nós permitirmos, pois a *porta* de nossa individualidade está hermeticamente fechada, e a fechadura só abre do lado de dentro.

Então, se você abre a *porta* e a deixa escancarada vai entrar quem quiser. Se você mantém sempre a *porta* fechada, mesmo que a *cerca* seja violada, a *porta* de sua intimidade não será aberta. E essa *porta* não tem como arrombar, ela é inviolável, a não ser que você permita que o outro a viole.

Portanto, o outro somente pode passar pelo limite da relação, mas não conseguirá invadir a sua individualidade, a não ser que você permita. No caso, é você que está tendo dificuldades em colocar os limites, mas, se o outro passou por cima, você pode reerguer o limite e mostrar a ele: *Olha, existe um limite aqui.*

Ao contrário, quando você entra no movimento da autoanulação e diz: *Não adianta, eu coloco o limite e ele vem e arrebenta. Então, não tem mais nada o que fazer, não tenho mais como colocar limite*, é porque você mesmo está permitindo isso, abrindo mão de sua individualidade e não porque o outro age de forma individualista.

Existem também muitas pessoas que vivem assim no ambiente familiar. Abrem mão de sua individualidade, autoanulando-se, achando, com isso, que resolvem os conflitos, mas, na verdade são reprimidos e interiorizados, produzindo doenças físicas e mentais para quem se autoanulou.

Porém, se você coloca o seu limite pessoal – que é intransponível, que reside na sua individualidade – e o mantém, você reerguerá a *cerca* de novo, quantas vezes forem necessárias, até que o outro aprenda. *É, tem uma cerca ali. Todas as vezes que eu derrubo, ele vai lá e coloca de novo*. Então, pode ser que o outro aprenda que não se passa pela *cerca* de ninguém. Isso pode acontecer, ou não, porque você não tem poder nenhum sobre o aprendizado e as decisões do outro. Pode ser que o outro continue passando pela *cerca*, como um trator, o limite da relação, e passando, e passando mais uma vez, às vezes, a vida inteira na sua relação com ele.

Apesar disso, temos o poder de reerguer a *cerca*, mantendo o limite da relação – em razão do limite interior gerado pela individualidade – quantas vezes forem necessárias. Esse é o poder que todos nós temos, o poder de realização e de transformação. Realizar ações que transformem a nossa vida. Porque, impedir que o outro passe com o trator, não podemos, pois é uma escolha dele.

É importante ressaltar que isso não significa, simplesmente, reerguer a *cerca* passivamente. Nós usamos uma metáfora. Essa *cerca* é uma delimitação que você vai colocar para a pessoa, com muita firmeza, mas sem agressividade: *Olha, comigo as coisas são assim, assim, assim... E eu gostaria que você me respeitasse*. Quantas vezes forem necessárias.

Percebamos que a pessoa individualista está sempre invadindo a intimidade dos outros; a pessoa que se autoanula está sempre sendo invadida; a pessoa que cultiva a individualidade coloca esse limite pessoal que não dá para o outro invadir. Ela sabe dizer sim, na hora que é para dizer sim, e não, na hora que é para dizer não.

A pessoa que se autoanula está sempre à disposição dos outros, agradando. Todo mundo pode chegar, usar o que quiser e como quiser. Por que ela está sempre agradando? Porque há uma dificuldade de autoaceitação. O mártir-salvador tem essa característica e, ao mesmo tempo, cultiva também o individualismo, pois se intromete na vida dos demais. Está sempre falando sim a tudo e a todos. Chega um momento em que ele se transforma em um mártir-martirizado, pois ele agrada tanto que logo percebe que as pessoas o estão usando e espezinhando, ao mesmo tempo. Nesse momento ele se sente invadido, mas diz: *Não posso fazer nada. A vida é assim mesmo.*

Não! A vida não é assim mesmo. É necessário que o mártir-salvador tome contato com a sua ansiedade de consciência, proveniente da culpa do passado, se aceite com as suas imperfeições e trabalhe pelo autoaperfeiçoamento, começando a colocar limites nas relações, para poder agir de uma forma mais proativa.

A pessoa que cultiva a individualidade está centrada na aceitação de si mesma e na aceitação dos outros, sem reservas que, até prova em contrário, são confiáveis. Então, ela se aceita e aceita os outros, desde que não invadam a sua intimidade. Se o outro quiser invadir – por exemplo, lhe pedindo coisas fora de hora, lhe pedindo para livrar de apuros financeiros – sem uma justificativa plausível, ela fala, naturalmente, não.

Percebamos que é dessa forma que se colocam limites para toda e qualquer ação do mártir-salvador. Se fizermos isso, não vamos realizar jogos com nenhum mártir-salvador, tampouco vamos jogar nessa posição de mártir-salvador, com ninguém, porque saberemos estabelecer limites na relação.

Se alguém pedir alguma coisa para uma pessoa que age assim – que ela sabe que apenas irá manter o estado de vítima do outro – colocará um simples *não*, realizando o bem que a sua consciência determinar. Não precisa ser um *não* rude, com raiva. É um *não* com tranquilidade, por ser o melhor, tanto para ela, quanto para o outro: *Eu não posso. Eu não estou afim. Eu não quero fazer isso.*

Qual é o problema de fazer isso? Aqueles que estão jogando como mártires-salvadores dirão: *Ah, mas aí você será mal visto. As pessoas não irão gostar de você.* Porém, se o mártir-salvador refletir sobre a sua dificuldade de autoaceitação – e que agradando o outro ele não suprirá as próprias deficiências, que somente ele é que as pode suprir – dirá o **não** com autoconsciência.

É fundamental que ele perceba que não é problema dele se o outro tem hábitos nocivos a si próprio. Porém, se ele diz sim, precisando dizer não, esse hábito nocivo fará mal aos dois.

Se quisermos que as coisas fiquem malignas para nós, como diz Jesus, é só dizer *sim* quando precisamos dizer *não*, e *não* quando precisamos dizer *sim*. Aí as coisas se tornam um mal, porque passaremos por cima da nossa individualidade – a pretexto de auxiliar o outro – que de fato resultará em desajuda.

Então, o cultivo da individualidade é a pedra de toque que vai gerar o limite equilibrado. Usa-se o *sim* quando é *sim* e o *não* quando é *não*. Por mais simples que seja, são poucas as pessoas que fazem isso.

Saber dizer *sim*, na hora que é para dizer *sim* e *não*, na hora que é para dizer *não*, fazendo isso com inteireza e autenticidade, é algo a ser exercitado continuamente.

Flexibilidade é outra qualidade fundamental na colocação de limites equilibrados. A flexibilidade é a virtude que nos ajudará a refletir, e voltar atrás em uma decisão, em que nós falamos um *sim* ou um *não* de maneira inadequada.

Muitas vezes falamos um *não* e depois refletimos que falamos o *não* com autoritarismo, de maneira equivocada. Naquele momento estávamos em uma situação difícil e falamos um *não* indevido. Uma pessoa que busca oferecer os limites com equilíbrio vai perceber isso e voltará atrás.

Por exemplo, um filho de 10 anos vai ao pai e solicita permissão para ir à área de lazer do bairro, jogar bola com os amigos, após ter feito os deveres escolares. O pai está com raiva de uma situação que não tem nada a ver com o filho, e diz *não*. Se esse pai estiver buscando o equilíbrio poderá dizer ao filho, após refletir em sua atitude: *Naquele momento, meu filho, eu falei* não *porque estava com raiva, por causa de outro problema que não tem nada a ver com você. Mas agora o papai reconheceu isso e está dizendo que você pode ir jogar bola com os seus amigos... O papai está dizendo* sim *agora, porque refletiu e percebeu que estava errado.*

Existem muitos pais e muitas mães que acham que se fizerem isso com seu filho vão perder a autoridade. Na verdade, fazer o contrário é que demonstra falta de autoridade. Agindo assim, mostram que têm a autoridade do bom exemplo. O bom pai ou a boa mãe não são os infalíveis, pessoas que sabem tudo e que fazem tudo certo, que têm sempre bons momentos. Há momentos em que "escorregam" e não há nenhum problema em dizer que erraram.

Então, quando o pai ou a mãe assume que pode errar e reconhece o erro, está ensinando ao filho – com a autoridade do exemplo – que todos nós podemos errar e que devemos reconhecer o erro para buscar repará-lo. Isso é flexibilidade. Isso é respeito ao outro, porque somos criaturas imperfeitas, e dentro da imperfeição vamos errar muitas e muitas vezes. Ao reconhecer o erro, podemos admitir isso para o outro, para poder repará-lo.

É claro que, para isso, é importante que os pais estejam atentos para as diferentes fases de amadurecimento dos filhos. Por exemplo, para uma criança de dois anos, o pai não vai dar essas explicações: *Olha, o papai estava mal naquele momento, devido aos problemas no trabalho.* A criança de dois anos não consegue entender isso. Faz-se necessária uma ação concreta e não abstrata. Para a criança até os sete anos, que tem limitações de entendimento abstrato, são necessárias ações concretas. A criança até o sete anos precisa de coisas bem próximas de sua realidade para poder entender. Nesse caso o pai deve pegar no colo, fazer carícias e pedir desculpas sem muitas explicações, pois ela não consegue abstrair.

Porém, para um filho de dez anos, é dever do pai ou da mãe fazer isso. Da segunda infância em diante, os pais já podem ter uma fala mais abstrata com o filho, porque ele já tem condições de entender.

E um *sim* mal colocado pode virar um *não* depois? Pode e deve! Às vezes os filhos são muito insistentes, especialmente os adolescentes. Fazem verdadeiras perseguições verbais: *Eu quero, eu quero, eu quero, eu quero... ir a uma festa 'rave'*, (por exemplo), até que o pai ou a mãe diga: *Está bom, vai.* Depois, mais calmo, percebe que não deveria ter dito *sim.* O pai pode, perfeitamente, chamar o filho e dizer: *Eu refleti melhor e continua sendo não. Você não vai a essa festa.* Jamais os pais devem permitir que um filho adolescente vá uma festa "rave". São "festas" que começam em uma sexta-feira e vão até segunda-feira de manhã, onde corre sexo desequilibrado, música hipnótica e drogas, como *exctasy.* Esse ambiente não é saudável, nem para adultos, quanto mais para jovens adolescentes.

É claro que seu filho vai contra-argumentar: *Ah, deixa, porque o fulano vai, o pai de beltrano vai deixar, etc...* Hoje os jovens usam mil e um argumentos para tentar convencer os pais, tentando ganhar pela insistência. Crianças e adolescentes são exímios em fazerem pedidos, em horas inadequadas, para conseguir as coisas. Chega uma hora em que o pai ou a mãe, desesperada, querendo parar com aquela insistência, diz sim. Então, foi um *sim* mal colocado. Se foi mal colocado, em outro momento o pai ou a mãe, refletindo, volta ao *não*, tantas vezes quantas forem necessárias. Os pais devem ser muito firmes na colocação dos limites, especialmente quando o seu filho argumenta que os pais do colega permitiram.

É necessário deixar claro que ele é *seu* filho e é *sua* responsabilidade educá-lo da melhor maneira possível. A forma como os pais dos colegas os educam não tem nada a ver com a educação que você está buscando dar a ele.

Fundamente a sua argumentação, dizendo que você é consciente de que a missão que Deus lhe confiou é colaborar na formação do caráter dele, e que essa conscientização é pessoal, por isso, se os pais do amigo ainda não estão conscientes, é algo que você só pode lamentar, mas não pode fazer nada. Já com ele, que é seu filho, você tem o dever consciencial de colaborar com Deus na sua formação.

Outro problema que surge é quando o pai fala *sim* e a mãe fala *não*, ou vice-versa. Isso é muito ruim para a formação dos filhos, porque, às vezes, um coloca limites e o outro não. Muitas vezes, um é a favor do limite rígido e o outro é permissivo. Um pai rígido e uma mãe permissiva ou vice-versa, criando uma confusão muito grande. Isso acontece por uma competição velada, ou não, entre o pai e a mãe, para mostrar que um é "bonzinho" e o outro "carrasco", em razão dos problemas que eles têm na relação conjugal.

É muito importante que, primeiro, os pais resolvam os problemas de sua relação conjugal, que acabam interferindo na relação pais e filhos. Uma relação conjugal mal resolvida vai gerar competições do tipo quem é mais "bonzinho" do que o outro, afastando-se, ambos, da bondade real. Uma das muitas confusões dos jogos do martírio é esse, em que um age como o "bonzinho", colocando-se como salvador do filho e, às vezes, indo até contra o outro cônjuge, gerando grandes dificuldades, tanto para o filho quanto para a relação.

Portanto, é fundamental que haja uma aliança. As pessoas casadas usam a aliança nos dedos, não para mostrar aos outros que são casadas. Elas são o símbolo de uma **aliança** que fizeram e dessa aliança vão surgir filhos.

Como acontece de uma aliança entre duas pessoas gerar competição para saber qual dos dois – o pai ou a mãe – é o melhor na relação com os filhos? Isso é fruto de problemas na relação entre ambos, que não estão fazendo esforços para resolver. Aí entram em competição. É como se dissessem: *Eu falo mais* sim *do que você.* Isso gera grandes problemas na relação conjugal e na relação deles com os filhos. É necessário que o casal estabeleça uma aliança: *Como é que vamos educar os nossos filhos?*

Mesmo quando se separam é necessária essa aliança, pois essa atitude é mais comum entre pais separados, que acabam usando os filhos para atacar um ao outro.

O filho, percebendo isso, acaba entrando no jogo dos pais. Quando pede uma coisa para um que diz *não*, vai ao outro e consegue um *sim*. As crianças e os adolescentes se tornam especialistas nesse jogo, e passam a perceber em quais coisas conseguem um *sim* do pai, e em quais conseguem um *sim* da mãe. Essa postura, ao invés de formar o caráter dos filhos – que é a missão dos pais – deforma o caráter cada vez mais.

O ideal é que eles se aliem, um ao outro, para formar esse tipo de relação, colocando limites equilibrados. Conversar entre si. Quando um excede, o outro observa e argumenta para o que excedeu. Mas não é na frente da criança, ou do adolescente que se faz isso. É muito comum quando um excede – o pai ou a mãe – o outro falar na frente do filho. O que acontece com o que "escorregou"? Ele fica como o *mau* e o outro como o *bom* para os filhos, e isso é extremamente ruim para a relação conjugal, e deles com os filhos.

É fundamental que os pais conversem, aliem-se e quando existe algum problema, que resolvam na intimidade da relação. Existem, no casal, dois tipos de relação: a conjugal e a relação como pai e mãe, que reflete nos filhos.

Portanto, é necessário que eles resolvam as questões conjugais e as questões como pai e mãe na intimidade, colocando as coisas como devem ser e se acertando porque, como falamos, somos imperfeitos, e por sermos imperfeitos, nos aperfeiçoaremos errando e acertando.

Vamos errar muito mais do que acertar, porque estamos mais para a imperfeição do que para a perfeição. Mas, uma coisa é quando erramos, sendo sinceros conosco mesmos buscando acertar. É um erro que vai trazer grandes aprendizados.

Quando o casal tem o hábito de conversar – dialogar sobre a própria relação, sobre a relação com os filhos – vai se acertando e aperfeiçoando a relação que tem com os filhos e a relação que tem enquanto casal. Agora, se eles não conversarem, acabarão perturbando a relação pais e filhos, especialmente quando um fala uma coisa e o outro fala outra.

Quando há a separação do casal, muitas vezes o pai e a mãe fazem jogos, como se os filhos fossem marionetes que manipulam, para se vingar um do outro. Então, a mãe que tem um problema com o pai – que é ex-conjugal – usa os filhos para ferir o ex-cônjuge e vice-versa. Quando a mãe fala mal do ex-marido, esquece que está falando mal do pai dos filhos dela e vice-versa. Existe a relação de ex-cônjuges, mas não existe a de ex-pai ou a de ex-mãe. Mas eles usam a relação com os filhos para ferirem um ao outro, dessa maneira. E acham que estão agindo bem. Dizem assim: *Eu estou ganhando, porque o meu ex está ficando mal.* Quanto "mais mal" o *ex* ou a *ex* se torna, o pai e a mãe dos filhos dele, ou dela, também estará mal.

Esses são processos disfuncionais extremamente doentios e hoje em dia, infelizmente, muito comuns. Porque as separações estão acontecendo por qualquer motivo e quanto mais separações banais, mais filhos desajustados nós teremos.

Os filhos, muitas vezes, entram no jogo e assumem a posição do mártir-salvador. Existem filhos que assumem, por exemplo, em um casamento desfeito, a posição de mártir-salvador da mãe, assumindo uma posição contra o pai. Fica contra a nova companheira do pai e vão fazendo jogos, estimulados pela própria mãe. Outros assumem a salvação do pai, quando é ele que faz o jogo. São jogos de vítimas, jogos de mártires-salvadores, jogos de martirizadores, gerando graves comprometimentos para todos os envolvidos.

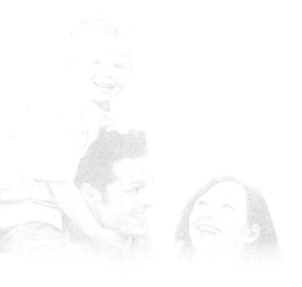

CAPÍTULO 7

Relacionamento familiar: Convite à semeadura de amor

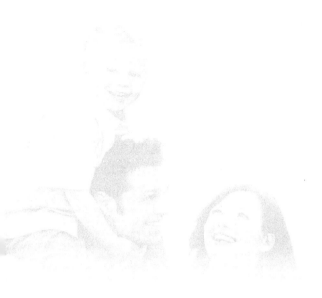

Para finalizar este primeiro volume da Coleção **Amar é Viver em Família** estudaremos a Parábola do Semeador, de Jesus, aplicada às relações familiares.

Vimos que a família é o ambiente onde somos convidados a aprender a amar, exercitando o amor a cada dia, muitas vezes, amor aos inimigos que renascem no ambiente familiar.

Portanto, o relacionamento familiar é um convite à semeadura de amor. Nesse contexto é muito importante, principalmente para os pais, mas também para os filhos, entrarem nessa reflexão a respeito da Parábola do Semeador. Porque existem filhos que se tornam, espiritual e energeticamente, orientadores dos próprios pais. Não é uma função própria para o filho, mas, às vezes – por uma situação circunstancial em que o filho tem uma condição espiritual mais evoluída do que a dos pais – ele pode ser alguém que terá a função de colaborar no desenvolvimento dos pais, semeando amor nos seus corações.

Enfim, em todas as posições que ocupamos no seio da família é fundamental que nos vejamos como semeadores de amor. Em qualquer relação, nós poderemos assumir a posição do semeador.

Estudemos a parábola anotada por Mateus, Capítulo 13, vv. 3 a 9:

> *Eis que o semeador saiu a semear. E, quando semeava, uma parte da semente caiu ao pé do caminho, e vieram as aves e comeram-na; e outra parte caiu em pedregais, onde não havia terra bastante, e logo nasceu, porque não tinha terra funda. Mas, vindo o sol, queimou-se e secou-se, porque não tinha raiz. E outra caiu entre espinhos, e os espinhos cresceram e sufocaram-na. E outra caiu em boa terra e deu fruto: um, a cem, outro, a sessenta, e outro, a trinta. Quem tem ouvidos para ouvir, que ouça.*

Se observarmos a parábola superficialmente, poderemos até achar que esse semeador é muito descuidado, pois semeou ao pé do caminho, nos pedregais, nos espinheiros e na boa terra. À primeira vista ele deveria somente semear na boa terra. Por que, então, Jesus o colocou dessa forma, apenas semeando, sem se ocupar onde a semente caía?

Para entender o motivo pelo qual Jesus coloca o semeador dessa maneira é preciso analisar a parábola dentro de uma abordagem psicológica profunda. Ele está querendo chamar a atenção, não para o semeador em si, mas para o tipo de terreno em que a semente cai.

Vamos analisar a parábola no contexto que estamos estudando – a convivência familiar – para compreender essa aparente contradição.

Como abordamos no primeiro Capítulo desta obra, a função de cada membro da família é **colaborar** com os demais, para aprendermos a nos amar como irmãos. Nessa função, somos convidados a agir como semeadores de amor, independentemente de como os demais membros da família vão receber a nossa semeadura. Nosso papel é o de semear as sementes do amor, estimulando cada pessoa de nossa família a fazer o mesmo, de acordo com as suas possibilidades. Por isso não cabe a nós, como semeadores, exigir a germinação e a frutificação da semente. A germinação vai depender do terreno, de onde vão cair as sementes, isto é, do potencial de cada membro da família.

Cabe a cada um de nós darmos o melhor de nós na escolha das sementes que nos pertencem. Nesse aspecto, temos as sementes do amor, da renúncia, da mansidão, da humildade, da tolerância, da solidariedade, da compaixão, do trabalho constante de semeadura do bem, em prol da saúde familiar. O que cada membro da família vai fazer com as sementes pertence a ele próprio, sabendo que dentro da visão sistêmica-transpessoal essa semente de amor sempre convidará o outro a fazer o mesmo, e ela é imperecível.

A parábola, portanto, chama a atenção mais para o terreno, do que para o semeador. Os diferentes tipos de terreno simbolizam, na família, os diferentes perfis psicológicos de seus componentes. Temos seis perfis na parábola: beira do caminho, pedregal, espinheiro e três perfis de terra fértil que produzem 30, 60 e 100. Isso significa que há uma terra mais fértil do que outra.

Nas diversas famílias temos pessoas que se comportam como se estivessem *à beira do caminho*. Essas pessoas permanecem na periferia da vida e vivem de maneira superficial, sem comprometimento com a própria vida. Estão muito distantes da verdade libertadora e vivem como autômatos, distantes do real sentido da vida.

Portanto, *à beira do caminho* é uma metáfora que se refere às pessoas que ainda estão na superficialidade. Estão *à beira do caminho*. São aquelas pessoas que não são nem boas, nem más, estão muito superficiais ainda. A semente cai, mas não tem como germinar, naquele momento.

Outras se comportam como os *pedregais*, com pouca terra, onde a semente cresce rapidamente e logo morre, queimada pelo sol. Simbolizando os que, inicialmente, se empolgam com a possibilidade de evoluírem, e logo se desmotivam. Já reconhecem a verdade, mas ainda não querem se comprometer com ela.

Os que estão no movimento de *pedregal* são aqueles que já têm um início de despertar para o bem, para o bom, para o belo, mas a terra ainda é pouca. Como é pouca, tem mais pedra do que terra, a semente cresce rápido, mas logo é crestada pelo sol.

Temos as pessoas que se comportam como os *espinheiros* que, por mais que as sementes amorosas caiam sobre eles, as sufocam sob o peso dos sentimentos egoicos, tais como o orgulho, o egoísmo, a vaidade, a presunção, como se a vida não fosse uma dádiva divina para a própria evolução.

A pessoa que está no perfil *espinheiro* é aquela que, ao receber a semente de amor a sufoca com a rebeldia do desamor. É o perfil de pessoa que está, ainda, cultivando o desamor pelo desamor. É diferente dos dois primeiros, porque um deles está na superficialidade, nem bem, nem mal. O outro já tem a propensão ao bem, mas é um bem muito fugaz. O *espinheiro* já é o perfil daquele que sufoca o amor, a partir do desamor.

Essas pessoas sufocam as verdades dentro de si mesmas e, normalmente, enveredam por caminhos que produzem muito sofrimento que estará, posteriormente, as transformando. Sufocam, em si mesmas, todas as possibilidades de buscarem um sentido para a vida.

Enfim, temos os que já estão como *terra fértil*, simbolizando aqueles que já buscam um sentido para a própria vida, que a veem como uma dádiva divina para sua evolução. Buscam a verdade libertadora, com o objetivo de *revolver* a terra, para que possam produzir de acordo com a sua fertilidade.

Uns produzem trinta, simbolizando aqueles que iniciaram um processo de fertilização da própria existência. Já estiveram em outros perfis e, graças à dor que esses perfis geram, resolvem aceitar o amor divino e iniciar a produção do amor em si mesmos. A vida, para eles, começa a ter o verdadeiro sentido que é o de amar.

Outros produzem sessenta, simbolizando aqueles que já estão em situação mediana. Despertaram há mais tempo e utilizam a verdade para transformar as suas vidas, para melhor. Conseguem perceber o verdadeiro sentido da vida e buscam vivê-la com qualidade.

Outros produzem cem, simbolizando aqueles que já são fieis à verdade. Têm as suas vidas repletas de sentido, com excelente qualidade, e utilizam todos os recursos para viver o Ser que são, em comunhão plena com Deus.

No contexto familiar, uma grande dificuldade surge porque queremos que todos os membros da família estejam no perfil *terra fértil*, de preferência produzindo cem.

Será que isso é possível em um planeta de expiações e provas?

Não. Isso é próprio dos mundos superiores. E nesse contexto, uma das coisas mais importantes para todos nós é que, se, por exemplo, tivermos um cônjuge que está em um perfil *de espinheiro*, como vai ser esse casamento?

Se tivermos um filho no perfil *à beira do caminho* – aquele superficial, que não liga para nada – e que não está disposto a se espiritualizar. Como vai ser o processo educativo dele?

Se tivermos um pai ou uma mãe no perfil *pedregal*, como será a convivência com esse pai, com essa mãe?

Enfim, se tivermos qualquer um de nossos familiares em um dos perfis inferiores, o que poderemos fazer com essa relação?

Se aceitarmos aquela situação momentânea de ter um cônjuge na posição de *espinheiro*, um filho no perfil *à beira do caminho*, um pai, uma mãe, um irmão no perfil *pedregal* e não quisermos, ilusoriamente, transformá-los em *terra fértil*, vamos ter um casamento difícil, uma relação pais e filhos difícil, uma relação com o pai, a mãe, o irmão difícil, mas poderemos superar essas dificuldades e conviver, em relativa harmonia, se agirmos como semeadores de amor.

Quando Jesus fala do semeador que saiu a semear, percebemos que não é um semeador qualquer, não é um agricultor. Por que não é um agricultor? Um agricultor vai semear as sementes a esmo? Vai colocar sementes à beira do caminho, no espinheiro, no pedregal? O agricultor comum só vai semear em *terra fértil*.

Então, percebemos que esse semeador de quem Jesus está falando é diferente. É, simbolicamente, um semeador das sementes de amor.

Portanto, a convivência em família vai ser uma semeadura de amor. Cada um vai semear de acordo com aquilo que puder. É claro que só podemos semear, se já estivermos na posição *terra fértil*. Porque se nós mesmos estivermos no perfil *espinheiro*, *pedregal* ou *beira do caminho*, nem despertamos para a possibilidade de sermos semeadores.

Vamos supor que já estejamos no perfil *terra fértil*, mesmo que produzindo menos de trinta. Qual é a nossa função dentro da família? É semear as sementes do amor. Para esse tipo de semeador não importa aonde a semente caiu. Por isso é que Jesus coloca esse semeador aparentemente descuidado. Porque a semente do amor deve cair em todos os terrenos. O que importa para o semeador é fazer a parte dele.

Sabemos que, pela Lei de Evolução, todos os que estão nos perfis *à beira do caminho, pedregal* e *espinheiro* vão se tornar *terra fértil.* Estagiar nesses perfis causa dor e sofrimento e isso vai fazer com que eles, aos poucos, se tornem *terra fértil.*

É aí que se encontra uma grande dificuldade no ambiente familiar. Não queremos que um familiar nosso sofra. Isso acontece principalmente na relação entre pais e filhos. O pai e a mãe não querem que seus filhos passem pela dor e, muito menos, por sofrimentos. Seria perfeitamente natural esse desejo dos pais, se isso fosse possível. Como pode um filho ou uma filha não passar por uma dor ou sofrimento, em um planeta de expiações e provas? Não vai ser possível.

Na verdade, esse desejo é um mecanismo projetivo. Não é que os pais não queiram que os seus filhos sofram. Como os pais trazem, em si, os mecanismos do jogo do martírio analisado previamente, não querem sofrer junto com os filhos.

Porém, se qualquer um de nossos familiares estiver no perfil *à beira do caminho, pedregal* ou *espinheiro*, a dor e o sofrimento serão inevitáveis, porque são eles que farão nos movimentar para o perfil *terra fértil.*

Vamos exemplificar aquilo que colocamos anteriormente com uma situação muito comum hoje em dia, que é o uso de drogas.

O pai e a mãe conscientes vão semear as sementes de amor no coração dos filhos, principalmente pelo exemplo. Vão lhes dar orientações sobre os malefícios do uso de drogas, agindo como colaboradores na formação do caráter dos filhos, orientando-os para o bem, para o bom e para o belo.

Se o filho já tiver uma propensão a ser *terra fértil*, os ensinamentos vão produzir um efeito imediato e, com certeza, aquele filho, aquela filha jamais vai enveredar pelo caminho das drogas. Mas, e se não tiver? É possível que tenhamos, dentro da nossa família alguém que esteja em outros perfis? Em um planeta de expiações e provas mais comum será termos como filhos, como irmãos, como pais, como cônjuges pessoas dos três primeiros perfis e não dos três últimos.

O pai e a mãe conscientes vão orientar os seus filhos, independentemente do perfil em que eles se encontram. O pai e a mãe agem como semeadores e vão dar as orientações, quantas vezes forem necessárias, fazendo a parte deles, colaborando com Deus na formação do caráter dos filhos.

Agora, se o filho estiver no perfil *à beira do caminho*, *pedregal* ou, sobretudo, no de *espinheiro*, as palavras de orientação do pai e da mãe não surtirão efeito imediato. Porém, com certeza, essas orientações vão surtir efeito depois, porque as sementes de amor são imperecíveis.

As orientações que o pai e a mãe oferecerem vão ficar na mente do filho. E mesmo que ele venha a usar drogas, e chegue ao fundo do poço, na hora que estiver lá ele vai se lembrar da orientação do pai e da mãe. Mesmo que isso aconteça somente depois que o filho morra de uma *overdose*. Ele vai se lembrar dessa orientação depois de desencarnado. Aquelas sementes de amor permanecerão. O pai e a mãe podem chorar juntos, ali, a morte do filho por *overdose*, mas se tiverem oferecido todas as orientações que podiam dar, devem ter a certeza de que fizeram sua parte na formação do caráter do filho, agiram como semeadores das sementes de amor.

O que estamos falando sobre drogas é válido para qualquer viciação física ou moral, que percebamos no caráter de nossos filhos, ou do nosso cônjuge, ou de um irmão, de um pai, de uma mãe, etc. Poderemos, sempre, fazer o papel do semeador que não escolhe o terreno para semear.

Quem disser assim: *Eu só vou semear em terra fértil*, não estará na posição de semeador. Será um **colhedor** porque, na verdade, estará colhendo os frutos que não lhe pertencem.

Se fosse para ser assim, Jesus não teria colocado o semeador espalhando as sementes *à beira do caminho*, no *pedregal* e no *espinheiro*. O semeador de Jesus é transpessoal, por isso ele não busca semear só na *terra fértil*. Ele semeia em todo e qualquer terreno. Jesus colocou o semeador semeando as sementes de amor e esses terrenos todos semeados vão virar terra fértil; e não cabe ao semeador transformá-los em terra fértil.

Portanto, quando Jesus coloca essa realidade para o semeador em não escolher o terreno no qual semeia, o que o semeador ganharia? No fruto produzido, ou na semeadura realizada? Na semeadura realizada. Porque, se fosse no fruto produzido, não seria justo semear *à beira do caminho*, no *pedregal* e no *espinheiro*, pois esses terrenos não produziriam fruto algum, imediatamente.

Então, trazendo para o contexto da família, o que o semeador – por exemplo, o pai, ou a mãe – ganha? A missão deles é semear as sementes de amor. *Ah, mas o terreno é à beira do caminho, é pedregal, é espinheiro*. Não tem "mas" para o pai e para a mãe que assumiram o compromisso de serem semeadores.

A tarefa que eles têm é de continuar semeando as sementes de amor, porque elas nunca vão perecer. Uma semente de planta, depois de certo tempo, perde a validade, mas uma semente de amor fica para sempre.

Essa é a função para você, pai ou mãe – semear sementes de amor. Se o seu filho já é *terra fértil*, ótimo, porque ele já vai colher os frutos das sementes que você semeou a 30, 60 ou 100, dependendo da sua fertilidade. Não é ótimo para você. Você já fez a sua parte, qualquer que seja o perfil do terreno de seu filho. Nesse caso você pode colher os frutos junto com ele? Pode.

Então, será muito bom para você poder experimentar esse prazer de observar o seu filho colhendo os frutos. Mas, e se não for esse o caso? Em um planeta como o nosso, as chances de termos um filho *terra fértil* são menores do que as de termos um *à beira do caminho*, *pedregal*, ou *espinheiro*. Nesse caso, você não terá o prazer de o ver colher os frutos imediatamente, mas poderá continuar tendo o prazer de semear as sementes de amor no coração dele, para que um dia frutifiquem.

O grande problema que criamos, na convivência familiar, é que queremos transformar o outro em *terra fértil* à força, como se isso fosse possível. Queremos que o outro se transforme, na marra, em *terra fértil*, de preferência produzindo cem. Nem nós mesmos estamos produzindo cem, mas queremos que o outro produza. É claro que isso não vai ser possível.

Enveredamos pelo mecanismo da onipotência, tentando mudar os outros à força e, muitas vezes, usamos a prepotência para tentar fazer essa onipotência funcionar, mas nunca dará certo e o resultado é impotência, como vimos nos jogos psicológicos.

Se entrar nessa ilusão, o semeador se desfoca da sua função – que é a de colaborar com Deus na semeadura de amor – para ficar fazendo coisas que não são sua tarefa: transformar *à beira do caminho*, *pedregal* e *espinheiro* em *terra fértil*.

Como vimos anteriormente, todos eles se transformarão em *terra fértil*, não aqui e agora, mas ao longo do tempo. Quem tem a função de transformar esses três perfis em *terra fértil*? Eles mesmos. Qual o instrumento para que eles se tornem *terra fértil*? O processo evolutivo que acontece ao longo do tempo. Temos a eternidade para evoluir.

Portanto, é o tempo que vai, a partir dos mecanismos das Leis Divinas, nos auxiliar a evoluirmos. Existem dois mecanismos que funcionam nas Leis Divinas: a evolução pelo amor e – quando nos afastamos do amor – pela dor, para nos fazer voltar ao caminho do amor.

Porém, pelo excesso de rebeldia podemos criar o sofrimento, característica comum naqueles que ainda trazem o perfil do *espinheiro*.

Por exemplo, quando um pai ou uma mãe de um filho *espinheiro* vê o filho sofrendo, não quer que o filho sofra. Por quê? Na maioria das vezes ele sente dó do filho – e dele mesmo – porque vai sofrer junto. E não é por acaso que ele vai sofrer junto. Porque muitos dos espinhos que o filho traz hoje, ele ou ela, foi comparsa do filho no plantio desses espinhos, no passado.

Para uma pessoa com perfil *espinheiro*, a única alternativa é a dor e o sofrimento para transformar todos esses espinhos em húmus e fertilizar a terra. Às vezes, sofrimentos que vão demorar séculos para deixar de existir. Se o pai ou a mãe, ao invés de ficar, apenas, tentando evitar o sofrimento do filho – fazendo jogos de salvação inúteis – assumir a função de semeador das sementes de amor, elas ficarão ali, como se fossem uma energia, que repercute na essência do filho, para fazer com que ele desperte no seu tempo.

Portanto, só uma visão transpessoal, espiritual, profunda da vida, vai fazer com que o pai e a mãe despertem desse movimento ilusório da onipotência, para ir para o poder real: *Que poder eu tenho em relação a esse filho? Eu tenho o poder de transformar o perfil dele? Não.* Nem um pai, nem uma mãe, por melhores que sejam as intenções, vão modificar o perfil de um filho. Mas, têm o poder de semear milhões de sementes de amor no coração desse filho. Esse é o poder que o pai e a mãe têm.

Só que a maior parte dos pais se desfocam desse poder real e tentam, de forma onipotente, mudar o filho à força, para logo caírem na impotência: *Ah, não está surtindo efeito. Vou largar a mão. Não tem jeito.* Aí caem na indiferença. Como não tem jeito? Existe algum de nós que não tem jeito? Todos nós temos jeito, sim! Só que teremos a eternidade para dar um jeito em nós.

Quando um pai, ou uma mãe, fala que não tem jeito e caí na impotência, é porque está focalizando só o aqui e agora. *Estou vendo que esse filho não tem jeito mesmo.* Se você pai, ou mãe, focar somente no "**aqui e agora**" vai entrar em desespero, em angústia, por não poder modificar o filho.

Você está querendo que ele mude de perfil, simplesmente porque você está semeando. Mas, por que Deus nos convida a sermos apenas semeadores, como nos ensina Jesus? Para aprendermos que temos um poder limitado.

Então, quando um pai e uma mãe são convidados por Deus a receber aquele irmão em humanidade, como filho ou filha, é um convite do Criador para que aprendam a desenvolver o poder real, para que transmutem o sentimento de onipotência e de prepotência, assim como o da impotência, e desenvolvam o poder real: o **poder de semear.** O poder de fazer germinar a semente no tempo próprio é dado pelo

Criador, que o criou para a felicidade, principalmente, o dono do terreno que é o próprio filho, aquele irmão em humanidade que está conosco.

Portanto, para fazer o papel do semeador é necessário que cada um reflita individualmente: *Esse filho não é meu, essa filha não é minha. É um filho de Deus, irmão em humanidade que está comigo, momentaneamente, para que eu possa colaborar na formação do seu caráter e não laborar por ele. A esposa, o esposo não é criação minha. É alguém que está comigo numa parceria.* Qualquer que seja o irmão em humanidade é um Espírito criado por Deus que está convivendo, neste momento, como filho, esposo, esposa, irmão, irmã, pai, mãe, etc.

Para fazermos a nossa parte é preciso dar o melhor de nós mesmos, semeando as sementes de amor. O que a pessoa vai fazer com essas sementes de amor não cabe a nós ficarmos fiscalizando, porque, como filho de Deus que é, só ao Pai que a criou para o amor – e a ela própria – cabe colher os frutos, quando essa semente germinar na *terra fértil* em que ela se transformará. O importante é que nós façamos a nossa parte.

Essa parábola deve estar sempre em nossa mente para que realizemos a função que nos cabe: sermos semeadores. *Eu posso semear sementes de amor? Posso.*

Quando desvirtuamos a função, entramos no movimento de onipotência. É como se disséssemos: *É meu filho, meu esposo, minha esposa, etc. e eu sou responsável pelas escolhas dele (ou dela), pela evolução dele (ou dela)*. É essa a realidade? Se nem Deus faz isso conosco! Ele criou as leis e nós vamos seguindo-as, a partir do momento em que vamos despertando para segui-las. Mas Ele não interfere. Deus não faz isso: *Você tem que cumprir a lei, senão Eu jogo um raio e lhe aniquilo, ou largo mão*. Não existe isso dentro da lei divina.

Porém, quando assumimos a posição real de que estamos, neste momento, sendo convidados a compartilhar a nossa experiência com essa pessoa, esse irmão em humanidade – que está como minha esposa, meu esposo, meu filho, minha filha, minha mãe, meu pai, etc. – vamos nos centrar no poder real que é o de realizar a nossa parte, transformando a nossa vida, servindo de exemplo, semeando as sementes de amor. Semeamos as sementes de amor na nossa vida e na vida do esposo, da esposa, dos filhos, dos pais.

Vamos semeando, fazendo a nossa parte, realizando o poder real que gera suavidade e leveza porque estaremos desfocados da onipotência, da prepotência e da impotência e nos focaremos no poder real, cumprindo o dever consciencial, com leveza e suavidade: *Estou fazendo a minha parte. Eu darei o melhor que eu posso para o meu filho, minha filha, meu esposo, ou minha esposa, meu irmão, meu pai, minha mãe, etc. Agora, se eles seguirão as orientações, as sugestões, a direção para o bem, para o bom e para o belo que já coloquei na minha vida, ou não, é por conta deles.*

Para finalizar este Capítulo e primeiro livro da Coleção **Amar é Viver em Família**, vamos refletir um pouco acerca do poder amoroso, fruto do desenvolvimento de nossa autoconsciência, gerador do dever consciencial, o poder de realizar ações de transformação de nossa própria vida.

Exercitar esse poder irá fertilizar o nosso coração para sermos semeadores de amor transformando, tanto a onipotência, que é o desejo de viver a vida pelo outro, quanto a impotência, decorrência dela, que nos afasta da condição de semeadores.

Ao longo deste livro falamos de uma série de coisas que são doentias, que são disfuncionais na família, e de uma série de questões que são funcionais, dentro de um processo de ideal de família, que é muito importante para exercitamos, não como algo que **temos que atingir** forçosamente, mas algo que **vamos alcançar** ao longo do tempo, aperfeiçoando a nós mesmos.

Para que isso aconteça é fundamental que assumamos a função de semeadores. Se não assumirmos essa condição, ficaremos ansiosos, perturbados e, então, acabaremos por assumir posições disfuncionais que não desejamos, mas que assumimos porque queremos respostas imediatas.

Portanto, a nossa função é semear. E dar o melhor de nós mesmos. Colocar como meta esse modelo de família saudável e fazer a nossa parte para que esse modelo esteja presente na nossa família. Porém, se tivermos familiares que enveredarem por caminhos distanciados do amor, do bem e do belo, apesar de todos os nossos esforços, respeitemos a sua escolha e continuemos a ser semeadores de amor em seus corações.

Fazer isso é importante para a nossa harmonia como semeadores, pois se enveredar pelos caminhos do desamor, ou do pseudoamor é uma escolha da pessoa, quem somos nós para derrogar a lei do livre-arbítrio? O que podemos, sempre, é cercar a pessoa do suporte, sustentando-a através dos nossos valores, orientando sempre.

Por exemplo, na relação pais e filhos, se você percebe que um filho seu está enveredando por um caminho que trará muita dor e sofrimento para ele, pela sua experiência de vida, você sabe disso, mas ele ainda não sabe. Pode ser que, mesmo com todo o suporte, mesmo com toda estrutura que você tenha para ajudá-lo a não seguir por esse caminho, ele possa vir a segui-lo, porque ainda não sabe que aquilo tudo será doloroso para ele. Seu filho não tem experiência e como experiência é algo que não se tem como transferir, você pode colaborar, orientar, realizar as funções de maternidade e de paternidade, mas não pode viver por ele.

Muitas vezes, o que gera angústia é que nós queremos viver as experiências pelo filho, queremos passar toda nossa experiência vivendo por ele – como se isso fosse possível – para impedi-lo de passar pelas circunstâncias dolorosas, fruto daquilo que ele está escolhendo. Isso nós não podemos.

Então, é fundamental para o pai e a mãe entrarem nesse movimento de poder real, o poder de realização e de transformação: *Eu posso realizar ações para, realmente, dar suporte? Posso*. São importantes as orientações, as conversas, mentalizar o filho bem.

Às vezes o pai ou a mãe mentaliza só coisas ruins, projetando energias negativas para um filho que ainda não está no perfil *terra fértil*. Como a mentalização é energia, ao mentalizar coisas ruins, você estará projetando tudo isso para ele, criando uma psicosfera negativa em torno de você e dele também.

É importante que sempre vejamos as coisas de forma transpessoal, espiritual profunda porque, muitas vezes, agimos como se não soubéssemos que somos seres espirituais imortais. Mas não deixamos de ser, mesmo que esqueçamos momentaneamente.

A energia mental positiva, a oração são valores de suma importância para fazer o processo de sustentar, de apoiar, mas não de realizar à força. Portanto, se utilizamos essas ferramentas, primeiro devemos fazer a transformação em nós mesmos, nos alicerçando com a energia mental equilibrada e com a oração. Depois realizamos ações efetivas de dar o suporte.

Se o pai ou a mãe visualiza o seu filho bem, a sua filha bem, se ora por ele, ora por ela, se dá orientações e sugestões, sem movimentos de imposição, estará fazendo tudo o que é possível. Estará, a cada ação, semeando uma semente de amor.

A cada ação que o pai ou a mãe pratica, estará exercitando o poder de realizar ações de transformação – que têm sempre à disposição – de semear as sementes imperecíveis do amor.

Essas sementes chamadas oração, orientação, sugestão, visualização positiva são sementes de luz que nunca se perderão. Podemos ter plena convicção disso. Elas são energias de amor que jamais se perdem. O filho que esteja em um perfil de *espinheiro*, ou de *pedregal*, ou de *beira do caminho*, energeticamente está impermeável.

Porém, imagine a aura do filho. Mesmo que ela esteja escura, cada oração, cada visualização positiva é como uma semente de luz, um pontinho de luz nessa aura. Esse pontinho de luz na aura é semelhante à luz, que ele traz ínsito em si mesmo, que é a Luz Divina que todos nós somos.

Então, essa energia ficará gravitando na aura dele. Imaginemos milhares desses pontinhos de luz que ficam reverberando na luz, que está na Essência Divina que o seu filho é porque são de igual teor. Então ficam ali, transmitindo pequenos "choques". São fachos de luz que fazem eco na essência. Usamos essas palavras de cunho material para fazermos analogia por falta de outros termos melhores.

Essas energias dos pontos de luz ficam ali, vibrando no mesmo teor da Energia Essencial. Por isso geram energia que vem de fora, com a energia que vem de dentro, e vão convidar o seu filho, cedo ou tarde, ao despertar.

Quando a pessoa toma a decisão de mudança, ela é absorvida. Toda energia que fica em sua psicosfera vai ser útil. É por isso que a semente de amor é imperecível. No momento em que a pessoa toma a decisão de mudar de perfil, toda aquela energia vai ajudá-la a se ajudar. A ajuda das sementes de luz é algo que vem de fora para dentro. A decisão de mudança é de dentro para fora, mas a energia que vem de fora para dentro ajuda a pessoa a se ajudar, quando toma essa decisão.

O contrário também é verdadeiro. Quando o pai ou a mãe se angustia, quando eles ficam perturbados porque o filho está enveredando por caminhos equivocados, imaginado que o pior possa acontecer, a mesma coisa se dá, mas no sentido contrário.

Só que, ao invés de pontos de luz que a mãe estaria mandando para o filho, estará mandando uma névoa escura, semelhante àquela que ele já traz em sua psicosfera. Como há identidade de energias, essa névoa penetrará na aura do filho, de imediato. Diferentemente da oração, da visualização positiva que fazem os pontos de luz – cujo teor tem uma identidade com a essência e fica em volta – a energia deletéria da preocupação, da angústia, da ansiedade tem identidade imediata e penetra na aura do filho, prejudicando-o imediatamente.

Toda aquela imaginação negativa – do filho passando por situações difíceis – imediatamente, por afinidade, potencializa a energia perturbada que já faz parte dele. Então, apesar da intenção positiva do pai e da mãe em ajudar o filho, estará sendo mal direcionada, pois estará ampliando a energia deletéria. Fazendo uma comparação: é como se nós mandássemos, ao invés de sementes de amor e luz, dardos envenenados, que são assimilados imediatamente. Cada pensamento negativo é um dardo mental envenenado que enviamos e se funde, imediatamente, com a energia da pessoa.

Portanto, é fundamental confiar na Providência Divina e canalizarmos as nossas energias para o amor, sob a forma de oração, de visualização positiva, de orientações, etc. que jamais se perdem. Energeticamente essa energia – que é do mesmo teor que a luz do Ser Essencial – vai concorrer para o despertar daquele Espírito. O pai ou mãe poderá dizer: *Ah, mas eu não verei o despertar*. Quem garante? Pode ser que não veja neste corpo. Nesta circunstância, muito provavelmente, você não verá. Agora, na vida espiritual não verá? Em outra existência em que você retornar junto com o seu filho, não verá?

E mesmo que não veja, o seu filho é um irmão em humanidade que não **é** seu filho, mas **está** seu filho. Então, como é um irmão em humanidade que **está** seu filho, não é você que deve ter interesse na colheita dele. É ele mesmo e o Criador que o criou para o amor, para o bem, para o bom, para o belo. A você cabe o papel de semeador e fazer a sua parte no processo.

Se tivermos sempre em mente isso, nosso coração se pacificará e ficaremos, realmente, em nível do poder real, sem ansiedade, sem angústia, dando o melhor que podemos, sabendo que nosso poder é limitado, mas que o do Criador é absoluto. E se o d'Ele é absoluto e se Ele não interfere em nossas vidas, quem somos nós para interferir?

Temos um poder extremamente relativo. Usar o poder real é entrar em um processo em que temos consciência da eternidade, da vida não circunscrita, mas Vida com "V" maiúsculo. Quando vemos a Vida, percebemos que este momento aqui é mínimo, diante da eternidade. Porém, nesse mínimo, somos convidados a fazer o máximo que podemos. Aí as coisas acontecem, não da forma como desejaríamos, mas da forma como é possível acontecer, tanto conosco, quanto com o filho, a filha, o irmão, o esposo, a esposa, a mãe, o pai, etc.

É importante lembrar sempre a parte do Pai-Nosso em que Jesus fala *...Seja feita a Vossa vontade.* Qual é a vontade de Deus para todos nós? Nossa evolução, que melhoremos e sejamos plenamente felizes. Essa vontade de Deus – que é idêntica para todos os Seus filhos, todas as Suas criaturas – irá acontecer quando eu, criatura, quiser, ou na hora que Deus já sabe qual será?

Ele criou leis que vão nos levar até lá, custe o que custar. Essas leis são inexoráveis. Não temos como fugir desse caminho, mas só temos o poder de evoluir por nós mesmos. O outro evolui por ele mesmo. Cada um de nós tem o seu momento de despertar e seguir o seu caminho.

Tudo o que vimos, ao longo deste livro, é a realidade e isso gera um alento. Não daquele tipo de alento em que nos autoenganamos, pois sentimos que esta realidade é assim. Sentimos que podemos, sim, tornar a nossa família mais saudável, desenvolvendo a **autoconsciência**, praticando o **dever consciencial** de aprender a nos amar como irmãos, porque fomos criados por Deus para esta finalidade maior.

A Providência Divina vela por todos nós para que possamos praticar exercícios de amor, para podermos sentir e vivenciar isso plenamente.

É muito bom confiar na Providência Divina. Uma das coisas mais acalentadoras e que gera mais aconchego na vida é confiarmos na Providência Divina que vela por nós e pelo Universo inteiro.

Temos plena certeza disso tudo, porque a energia que sentimos, quando em sintonia com Deus, nos estimula às emoções do amor, da renúncia, da compaixão, etc. e essa energia não é possível de ser enganada.

Aqueles que não confiam na Providência Divina vivem como seres abandonados no Universo. É muito triste, muito angustiante viver assim.

Nós que já estamos nessa posição de confiar sentimos plenamente que as coisas realmente são assim, que não são invenções, porque sentimos na pele, sentimos no coração batendo mais forte, na suavidade e na leveza que se torna nossa vida. Não como uma crença cega, mas como uma crença refletida, sentida e vivenciada.

Essa convicção faz com que consigamos superar quaisquer dificuldades que existam, para vivermos em família de forma mais saudável e feliz. Então, o Universo se abre para nós, pois estamos decididos e prontos para viver a Vida dessa maneira.

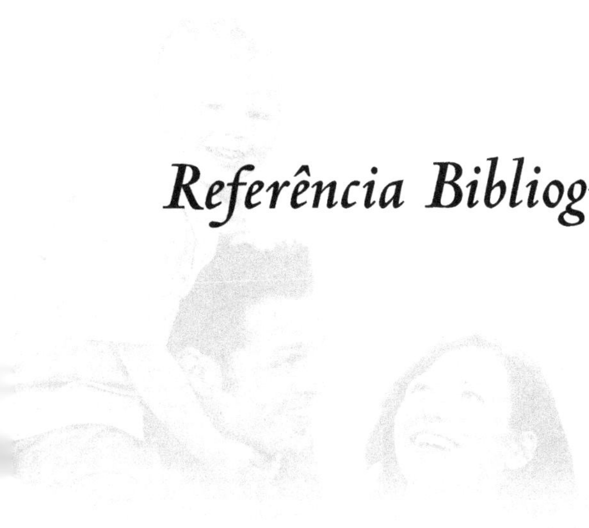

Referência Bibliográfica

KARDEC, Allan. *O Livro dos Espíritos*. 83ª ed. Rio de Janeiro: FEB, 1944.

____*O Evangelho Segundo o Espiritismo*. 112ª ed. Rio de Janeiro: FEB, 1944.

Novo Testamento. Trad. João Ferreira de Almeida, corrigida e revisada fiel ao texto original. Campinas: Geográfica Editora, 2000.

PAPP, P. *O processo de Mudança*. Porto Alegre: Artes Médicas, 1992.

Made in the USA
Middletown, DE
06 October 2023

40261866R00146